▲ 昔日贪玩的学生，我为他引路；今日成功企业家，他在帮助我。

▶ 近30年的分离，再见情更浓。

▲"咱们是娘儿俩。"

▼"关老师是第一位让我感觉像朋友的老师，也是关老师让曾经叛逆的我知道，老师不都是敌人。"

当班主任真难、真好、真幸福

30年班主任，我没干够

关承华 著

为了孩子

关承华

中国青年出版社

图书在版编目（CIP）数据

30年班主任，我没干够：当班主任真难、真好、真幸福 / 关承华著.
—北京：中国青年出版社，2024.1
ISBN 978-7-5153-7056-9

Ⅰ.①3… Ⅱ.①关… Ⅲ.①中学—班主任工作 Ⅳ.①G635.16

中国国家版本馆 CIP 数据核字（2023）第187346号

30年班主任，我没干够：
当班主任真难、真好、真幸福

作　　者：关承华
责任编辑：周　红
美术编辑：杜雨萃
出　　版：中国青年出版社
发　　行：北京中青文文化传媒有限公司
电　　话：010-65511272 / 65516873
公司网址：www.cyb.com.cn
购书网址：zqwts.tmall.com
印　　刷：大厂回族自治县益利印刷有限公司
版　　次：2024年1月第1版
印　　次：2024年1月第1次印刷
开　　本：787mm × 1092mm　1/16
字　　数：180千字
印　　张：15.5 + 2页彩插
书　　号：ISBN 978-7-5153-7056-9
定　　价：59.00元

目录

教师成功与幸福的秘诀

序言一

孙云晓

许多年前，因为一句“别和青春期的孩子较劲”，我记住了关承华老师。作为青少年教育工作者，我感叹这是一个充满了教育智慧的金句，如果没有深厚的经验和宽广的心胸是难以总结出来的。所以，我在讲课中经常引用这句话，心里自然期待着与关老师见面。

2023年8月的一天，在京郊小汤山为青春期教育骨干师资培训班讲课后，有人向我介绍了关承华老师，一个身材瘦小满头白发却目光炯炯的老人微笑着向我走来。我马上说起“别和青春期的孩子较劲”，她笑容灿烂，就像我们对上了暗号。她说我们很早就见过面，那是我在北京育英中学讲课，而她作为该校的班主任就在现场。我暗暗感慨，教师队伍绝对是藏龙卧虎。

关老师有丰富而坎坷的人生经历，但最让她骄傲的是担任过30年中学的班主任。所以，她将这本有封笔意味的新著命名为《30年班主任，我没干够》。她告诉我，有人说书名有点土，不雅，但她坚持，并说这是她的真实感受。当我得悉关老师是癌症晚期的患者，经受着病痛与化疗的折磨，更感受到这是一本呕心沥血的非凡之作。我理解关老师，这不仅仅是她的真实感受，甚至可以说是她发自内心深处的强烈呼唤，因为这是她最珍贵的生命价值，班主任生涯浸透了她的大爱之心与教育智慧。

从事青少年教育50年，我深切地感受到，中小学班主任是世界上最重要的主任，因为其天职是对年轻的生命负责，是对民族的未来负责，其责任之重大是无与伦比的。当然，我也知道，做班主任是极具挑战性的工作，尤其是中学班主任要与学生经历惊涛骇浪的青春期风险，既需要人格的魅力，又需要管理的才华。有一些年轻的班主任萌生退意，或者年纪大的班主任倍感倦怠，都是可以理解的，因为的确太难了、太复杂了。然而，关老师做过30年中学班主任，却感慨“没干够”，是什么令她如此痴迷呢？

在关老师的书中有近百个精彩的案例，我们随便选一个便可能找到答案，看看叛逆的中学生如何能够信赖她如知己朋友。

刘华是一个初三女生，性格内向，不合群，看卡通漫画成瘾，很多零花钱都用在买书上，积攒了一大木箱卡通漫画书。上课看是家常便饭，学习成绩全班倒数，前任班主任谈话、批评、没收均无效果。

关老师接班后，在即将召开第一次家长会时，收到刘华一封千余字的长信，信中痛斥关老师不懂新文化、新时尚，说看卡通漫画是世界潮流，讥讽老师思想意识的落伍。父母亲撕过、烧过她的书，并不止一次地打过她，但她绝不屈服，仍旧要看下去，而且她预言家长会上班主任一定会告她的状，她等着家庭中一场暴风骤雨的来临，但不会让老师看到满意的结果。

接到这封信，关老师犹如接到了一道“战表”，周围很多老师看后都被激怒了，关老师反而冷静了下来，决定给刘华一个“意料之外”——家长会后留下她的家长，并要求家长配合老师，按老师的方法去做：回家后不生气，不责备，表现出很高兴。然后告诉她，关老师表扬你了，表扬你爱看书，不追星，这在现在青少年中还是比较少见的。

没有出现所预料的“暴风骤雨”，刘华反而被触动了。经过几乎一夜的思索，第二天她主动要求找关老师谈谈，关老师由于当天有别的安排而没有答应她。第三天是个星期日，刘华迫不及待地由父亲陪同，打听着找到关老师家，再一次要求和老师交流。关老师让她坐在自己身边，揽着她的肩，首先感谢她的信任，对昨天没和她谈表示歉意，然后推心置腹谈了很久。

第二天的刘华，头发剪短了，把一箱子卡通漫画书锁起来了，上课认真听讲了，学习成绩直线上升。她给关老师写了一封信，表达了自己的决心外，在底下署名处画了一个短发的头像，脸颊上有几滴泪，右手攥拳做宣誓状。用她的话说：“您的这种对待学生的方式，让我无法再顽抗，我只能投降，但我心服口服。”

《教育家》杂志2023年第2期曾经发表我撰写的刊首语，题为《提高教师的社会与情感能力，应摆在重要位置》（此文被“学习强国”推荐），其中表达一个思考：教师的成功与失败乃至幸福与痛苦，社会与情感能力都是一条分界线。关老师的成功和幸福就是源于高超的社会与情感能力，其经验告诉我们，社会与情感能力强的教师，能以本身的亲和力影响学生，培育出积极向上的个人与集体，以此为学生亲社会性发展奠定坚实的基础。社会与情感的一个重要方面是集体意识和亲社会性意识，从幼儿园到小学、中学乃至大学，一个未成年人要参与诸多集体，这些集体生活的亲历体验将深刻影响他的价值观和社会情感，包括集体是否公平正义，是否求真向善，是否尊重包容等。

一位好教师会令人终生难忘，最主要就是因其人格魅力，也就是社会与情感能力，包括自尊、自信，处理人际关系、营造班集体凝聚力、创造性解决问题等能力。社会与情感能力中，如何处理自我与他人、与社会的关系，对于教师素养的构成至关重要。甚至可以说，教师能否完成立德树人的根本任务，很大程度上取决于其社会与情感能力水平的高低。

一个普通的中学班主任，何以取得非同寻常的教育教学成就？何以连续出版深受欢迎的教育专著？何以年逾七旬依然有教育情怀并且幸福满满？如果以社会与情感能力为视角，可以帮助我们理解关老师的许多个为什么。因为始终勤奋求知勇于实践，虽然学历不高，她的奋斗历程充满自信；因为她对青春期学生的理解和包容，坚信没有融化不了的冰，没有过不去的坎，她成为学生们的引路人和知心朋友；因为有积极向上的价值观引领，提升了班集体的向心力和凝聚力，为学生们走向社会奠定了坚实的基础；因为不断地创造性解决问题，持续的高峰体验使其内心越来越强大，新的目标与追求让人生充满激情。也许，这就是关老师成功与幸福的秘诀。

关老师的书是写给教师们的，主要谈教育情怀与智慧，而实际上这也是一本谈人生的书，因为教育者最需要高质量的人生。关老师以亲身经历与感悟告诉我们，什么样的教育能够让人生蓬勃而幸福。

（孙云晓系中国青少年研究中心研究员、中国家庭教育学会副会长）

2023年9月1日

于北京云根斋

序言二

我心中的好老师

宗春山

我很早就听说过“关承华”这个名字，不仅因为我们是做家庭教育的同行，更是因为和我朋友的名字同名。当第一次见到关老师的时候，给我留下深刻印象——讲课前在休息室，一位满头白发、身材瘦小，但精神矍铄的老太太笑吟吟地走到我面前，把手伸给我后自我介绍说：“我是关承华。”此刻，如一股清风，拂面而来，两个字：舒服。我从心里面说，这就是教育工作者该有的样子：亲切、平易、慈祥。更让我没想到的是，神采奕奕的关老师，已72岁高龄，而且结肠癌晚期，却依然活跃在家庭教育、教师职业教育的舞台上，我感到震惊！直觉却告诉我，关老师从里到外都比我健康。我在想，是什么力量支撑着关老师这弱小的身躯，爆发出这么大的能量？只看了关老师的第一章“初心”，我就找到了答案。关老师心中怀揣着大爱——对孩子、对讲台、对教育事业……

我常说，最好的教育是除了爱以外，什么都没有。我们今天的教育最缺失的就是“爱”，胸中有知识，目中没有人，孩子被物化，被学者称为空心症，空缺的就是“被爱”。苏霍姆林斯基说：“没有爱，就没有教育。”关老师就是爱的使者，爱的化身。关老师的三部教育专著里都饱含着对孩子、对教育浓浓的爱。关老师就是为教育而生，为孩子而来。这样的人不做教育，天理不容。关老师就是我心中的好老师！

关老师的又一本书，被称为封笔之作的新书《30年班主任，我没干够》即将面世，光听名字就让我心潮澎湃，犹如被一种巨大的能量推动着、吸引着，逼我一睹为快！

各位，我想，你也会和我一样，等待着再一次的心灵洗礼！

（宗春山系中国教育学会中小学生安全教育与管理专业委员会副理事长，中国家庭教育学会家校社共育专业委员会副理事长）

2023年9月15日

于北京

序言三

眼里有光，心里有爱

赵永

作为关老师的学生，能为关老师的新作写推荐序，这是学生莫大的荣幸和幸福。我把这理解为关老师对我的爱和认可，这将鞭策着我今后更要好好地做学术，向下扎根，向阳而生，去传承关老师这份教育大爱。

人一生中会遇到"三老"——老爸、老师和老板。作为成长中承上启下的老师，她在我们形成信念、价值观、人生观的过程中起着重要的作用。如果每个人能够在成长的路上遇到一位好老师，她懂你，她爱你，她理解你，那是真的幸福，即使后面遇到困境，也能逆风飞扬。

所以，成为关老师的学生，是我人生中特别美好的一件事情。

说一件看似不经意的小事。

今年暑期，我们启动了一个关于"生命教育"主题的研学营，关老师被我们邀请入营做孩子们的生命导师。在营中，有一个女孩，被邀请到舞台前参与小组活动。在舞台上，她面色无光，神情黯淡，头发挡住了半边脸，低头不语。就在此刻，关老师走上舞台，来到她的身边，用她温暖的手，把她掉下来的头发轻柔地送到耳后，轻声地对她说："相信自己，抬起头来，关老师看好你，你是最好的！来，让关老师抱抱！"

那一刻，我就在旁边，亲眼看到了女孩眼中的泪光。我确定，那一刻，女孩的内心是温暖的，是被爱的，是被接纳的。这是关老师发自内心的真爱，她把这份爱给了太多的人，温暖了太多的人，也疗愈了太多的人。

任何时候，关老师眼里有光，她看所有的孩子都闪闪发光；关老师心中有爱，她爱她所有的孩子，孩子们也都是爱满溢的样子。

不论是关老师带过的初中生、高中生，或是仅仅陪伴了几天的孩子，孩子们都舍不得和关老师说再见，都不愿意分开。说真心话，如果我有本事，我定要向天再借30年，让您再干30年，不是因为我不心疼您，是因为我们需要您这样的好老师，您"知我，懂我，爱我，悦纳我！这让我自信、阳光、有所为"。是的，我们这个时代需要您这样的老师，再多，再多，再多，都不多。

感谢您的这本新作，能让这份爱与责任持续传承！相信年轻的老师和我们，看了您的这本书，一定会有全新的感悟与成长！

我也建议爸爸妈妈们，也要看看这本书。因为我们本就是孩子生活中的老师，且是终身不能换岗的老师，我们才是孩子最好的榜样。相信关老师的这份真心与诚意，会让您成为一个不错的"老师"。

如果您接触过关老师，您就会感受到她的大爱无私；如果您"读懂"关老师，您会心疼她、爱她，这本书就是她与您最好的心灵对话。

写到这，心情是平安喜乐的。是因为关老师的乐观向上，总是带给人们这样的状态与感受。她经常用“我又满血复活了”来与我对话，我很震撼，到底是什么信念让这位70多岁的“70后年轻人”有如此的力量？在这本书中，我找到了答案：“尽我所能帮到一个孩子、一位家长、一个家庭，或者一位老师，似乎是我永远的心愿，而且从未放弃、从未泯灭——这应该就是我的夙愿吧！”

我又明白了，为什么大家都那么喜欢您、爱您、尊敬您，因为你真实、洒脱、不贪心！

祝关老师“平安喜乐”！

（赵永系吉林前程教育集团创始人、校长，中华文化促进会家庭教育工作委员会家庭教育讲师）

永远爱您的学生：赵永

2023年9月19日

写在前面

是心血来潮？还是夙愿未了？

72岁，结肠癌术后，腹膜盆腔转移，先后17次化疗，现在仍在化疗和靶向治疗中。由于免疫力低下，2023年元旦前被新冠病毒击中，肺部重度感染，急诊抢救，住院13天，捡回了一条命，至今后遗症还没有完全消失。

声明：我不是要卖惨！而是在这个时候，我又动了“再完成一本书，为热爱教育事业、爱孩子的年轻老师们留下我的嘱托”的念头，开始酝酿完成我继《别和青春期的孩子较劲》《凭什么让学生服你》《9节课，教你读懂孩子》三本书后的第四本教育专著，也可以说是我的封笔之作——《30年班主任，我没干够》。朋友说：“你疯了吧？就你这身体，现在还有什么比命重要！”我知道，朋友的提醒与劝告是真心的，她们希望我在有生之年能够爱惜自己，不要再为别人操心，安享晚年生活。我自己也在经历过化疗的千般痛苦、肺炎在病床上吸氧、获得重生走出医院时告诫自己：什么都不想，什么都不干了！并且在新的一年有感而发：

走进人生第六个本命年有感

人生疾苦尝遍

只剩一个心愿

身体健康无恙

平安走过余年

放空放松放慢

不争不气不怨

一个平凡老太太

专注颐养天年

可以看出，我当时的心境与朋友们对我的期望是相吻合的，也真的是下决心放空自己，什么都不干了；放松对自己的要求，自私一点，为自己而活；把自己一贯风风火火的行事风格放缓、放慢。随之付诸行动的是，生活上不操闲心、不管闲事，看了很多“管好自己”的心灵鸡汤，读了《恰到好处的孤独》和季羡林先生的散文集《孤独到深处》，用一句时髦的话说叫“享受孤独”！可是，怎奈江山易改本性难移，我的本性里面已经深深地嵌入了四个字，即**“教育”**和**“孩子”**！尽我所能再为教育事业做点事，尽我所能帮到一个孩子、一位家长、一个家庭，或者一位老师，似乎是我永远的心愿，而且从未放弃、从未泯灭——这应该就是我的夙愿吧！于是很搞笑地摒弃了自己的“享受孤独”，就此开始构思我在退休前写给班主任的《凭什么让学生服你》的姊妹篇。能够在生命进入倒计时之际，做点自己想做又有意义的事，既充实了自己，转移了注意力，还能再留下一本书，怎么想怎么合算！我还为自己找了个借口：享受孤独≠什么事都不干！

对于年逾古稀、身患重病的我来说，真正完成这本书，了却心中夙愿，可以说是个大工程，不会像前面的三本书那么顺畅，因为伴随我在键盘上敲击的，是一个持续的、痛苦的、与病魔抗争的过程！28天一个疗程的化疗，每个星期一次的抽血化验，两个月一次的增强CT检查，在治病的同时，也在摧毁着我的肌体，我必须与时间赛跑，既要以乐观的态度与疾病抗争，又要争取时间做自己喜欢做的事，二者合一，岂不乐哉！

现在人们总爱说这样一句话，“意外和明天不知哪个先到来”，我可没那么悲观，我有必胜的把握和决心！

关承华

2023年初春于北京

引子

我的第三本书《9节课，教你读懂孩子》完成于2018年，三年多虽然也没闲着，但不曾有过再拾笔著书的非分之想，并且拒绝了一些出版社的约稿，理由是年纪大了，不想再费那个脑子——很正常吧？可从什么时候开始，我又有了“不正常”的念头了呢？坦白说，是两件事刺激和激发了我的写作欲望。

事件一 2022年9月开学季，在小红书上看到了太多老师在吐槽班主任工作，有的甚至到了诅咒的地步，把班主任这份工作说成了“人间灾难”，一旦被迫承担了就是一场“噩梦”，甚至发出了极端的声音“你要是恨谁，就诅咒他全家都当班主任”等等，还有一些所谓老教师出谋划策，教给年轻老师甩脱班主任担子的策略和办法，让我不理解，也接受不了！回顾自己30年的班主任历程，确实酸甜苦辣各种滋味都曾有过，但孩子们带给我的乐趣和成就感、价值感，使我至今幸福感满满！于是冒出了“把我30年班主任工作的切身感受传递给年轻老师们”的念头。

当时还只是念头，不是决心。

事件二 一个几次合作过的教育培训机构，我曾经应邀做过多次班主任培训讲座，《凭什么让学生服你》《让学生服，是今天的为师之道》受到了老师们的欢迎，效果极佳，合作也很愉快。后来再一次邀请我，并给出了课程内容要求，于是我精心准备了一个全新角度的话题《用智慧的爱点亮孩子的心灯，照亮他自己的路》，意在提醒老师们走进孩子们的内心，调动他们的自驱力。我认真备课，做好了文案，并提交给了主办方。说实话，我很重视这一节课，自认为是在教师培训中又上了一个新的高度。但不曾想文案提交后如石沉大海，再没有了动静，我也不愿上赶着追问，于是就此搁浅。虽然心有芥蒂，但也能理解，我一个普通老师，没有光环，没有名头，这些机构里有的是教授、博导、专家，不用我了很正常。时隔一年有余，这个机构突然找我，邀请我在“全国中小学班主任发展力高级研修班”课程上做一次讲座，给我规定的题目是《班主任是我一生的追求——信念》。由于身体原因，那段时间已经在控制接课的频率，婉拒了线上线下的许多邀请，这个机构把我上次的文案废了，又重新给我规定了新的讲课内容，我有点抵触，感觉有点“召之即来挥之即去”的“屈辱感”。可是看到这个命题，我又心动了，这正是我头脑中一直酝酿的、我想说出的话题呀！于是当即接受下来——因为这个内容与我已经冒出的“念头”吻合了。在备课时，我又自行加了个副标题，即：30年班主任，我没干够。这时候干劲和激情附体，认真备课，筛选案例，精心制作PPT，这中间伴随的是无奈——身体不给力、化疗反应、感染新冠肺炎住院等，两次推迟上课，因为跟我说的是一个月一个内容，共12位专家全年完成12节课，所以即使往后推一推，从我主观上来讲，我还是特别希望完成在“班主任特训营”上的这一堂课，因为这是我想向班主任们传达的肺腑之言。不过，后来我发现这个机构真的放弃我，不再联系我了。联想起在这之前我曾经被他们放过一回鸽子了，精心备课却白准备了，已经有点芥蒂，所以这一次在自责和抱歉之余，也就不再期待合作了，但我知道我还有用武之地。过后在我随意浏览自己的成果时，突然发现我自认为精彩的授课文案，不就是我出于非分之想要完成的这本书的框架和提纲吗？从一闪念到付诸行动，好像有一股外力在推动我，让我在生命进入倒计时的有限时间里，再为自己喜欢的这件事做点什么，为老师和学生们留下点也许还有用的东西，当然也是为我的教育生涯画上一个完满的句号。正是这第二个事件刺激了我，也成全了我，让我下决心坐在电脑前，继续我人生的书写！

你们发现了吗？我的书的书名都很“俗”，说好听点叫接地气，《别和青春期的孩子较劲》《凭什么让学生服你》，都是大实话，一看就没什么理论高度，这次索性一俗到底，就用《30年班主任，我没干够》——这也是我的心里话！用我的亲身经历和一个个小故事，串联起**初心**、**征服**、**坚持**、**回馈**、**遗憾**、**无悔**、**交班**七个章节，把我当班主任所获得的**价值感**、**成就感**、**幸福感**，呈现给我年轻的同行们！

当然，根据现在有些年轻同行们的心态，这也是一个找骂的书名，估计会遭到一些老师的排斥，我也不在乎贬低与攻击了，但是我坚信，热爱这份事业、爱学生的老师大有人在，谁觉得有用谁看呗！

第一章

初心

初登讲台的“三无”老师

今天的我，其实就是一位有着30多年教龄的退休教师，出于对教育这件事（轻易不敢用“事业”二字）的热爱与执着，写了几本书，做了一些家庭教育和青春期教育的咨询辅导，给年轻老师们一些指导建议，对孩子、对家长、对老师有些许帮助，于是现在常常被冠以“专家”的名头出镜、做讲座等等，但我从不承认自己是什么专家！我的资历和资格都不够，我有自知之明！至于很多看过我的书、听过我的课、与我有过接触的人评价说我“桃李满天下”“是个有大爱的老师”“学生遇见关老师是幸运的”等等，我接受，且为此而自豪！几十年的辛勤付出，得到这样的肯定和赞誉，比那些奖状、证书、头衔更让我欣慰，至此我心足矣！

渊源

既然说到我曾经是“三无”老师，就得捋一捋我的成长史：出生在北京小胡同贫民家庭的我，据说从小乖巧懂事，我有印象的是经常听到街坊邻居们管我叫“小大人儿”。尽管当时的家庭生活很贫困，但是我和大我三岁的哥哥，学习都非常好，用今天的话说我们都是妥妥的学霸，哥哥考上北京四中，我考上了北京女三中就是证明——这可都是20世纪60年代北京一流的重点中学啊！我们的努力、上进、礼貌、规矩等身上的正气，伴随了我们兄妹一生，这必须感谢我平凡却又伟大的母亲！我的母亲是位有文化的家庭妇女，没有在社会上有过正式工作，今天被称为“全职太太”“全职妈妈”，可在当时就是最没有社会地位的“家庭妇女”。可是在我的印象中母亲一直被称为“街道积极分子”或“街道治保主任”，也就是现在的“小区居委会”负责人，虽然没有工资，却每天都很忙碌，这得益于她有文化。50年代我记忆深刻的，是我家平房的土墙上挂一块小黑板（应该是政府给的，我家买不起），炕上、地上小板凳上坐满了邻居，都是没有文化的大婶大妈们，我母亲一手粉笔一手教鞭，教她们识字，五六岁的我记住了，这是在“扫盲”（扫除文盲），是当时政府发起的一项“扫盲运动”。我还记得60年代初，母亲收到了北京市中级人民法院人民陪审员的聘书，我捧着那张盖着大红印章的纸，端详了很久，虽然还不是十分懂，但心中还是有种莫名的自豪。我母亲一辈子的遗憾和内疚是没有出去工作，经济不独立，但是我和哥哥都知道，她当初放弃工作的机会，都是为了我们，那个时候她就把陪伴和教育孩子放在了重要的位置。哥哥告诉我，当时他读的是私立“向善小学”，学费需要几块大洋，家里根本拿不起，可是上公立小学需要再晚一年，跟父亲商量再三，为了“不耽误孩子”，还是把我哥哥送进了向善小学，成就了一个令街坊邻居们羡慕的小学霸，哥哥胳膊上的三道杠（少先队大队长）令我骄傲也羡慕，当然后来我也效仿了哥哥。而我记事以后印象更加深刻的是，妈妈酷爱读书。她曾经教我背诵《木兰辞》，给我唱岳飞的《满江红》，甚至随口背出《红楼梦》的目录。现在回想起来特别有意思的是，我和妈妈经常为了抢一本小说而闹得不愉快，因为那时候都是同学朋友间借着传阅，有时间限制，书一旦让母亲看见，她就爱不释手，记得《三家巷》《苦斗》《苦菜花》等好几本书，都是经过谈判后，我们母女二人轮着看完的。我知道母亲到去世都留有遗憾，用她的话说“一辈子手心朝上”，意思是自己没挣过钱。但是她没有意识到，她一手培养出来的孩子是她最值得骄傲的硕果！如果说今天的我做人做事还算成功的话，是母亲的良好教育为我的成长做了铺垫！用今天的话说，是我的原生家庭教育、引导和成就了我们兄妹。

自卑

我也佩戴着三道杠完成了小学学业，以全年级第一的成绩考进了北京女三中。因为有北京四中的哥哥做榜样，我从不敢懈怠，下决心在中学时代依然像小学时那样优秀，依然走在“好学生”的行列里。可是我的美好愿景很快就被残酷的现实击碎了！我第一次感受到了“山外有山，天外有天”，我的母校太平街小学是个小胡同里的平民学校，我这个“第一名”到了女三中就什么都不是了！因为我们学校同学大部分来自高干或高知家庭，而她们毕业的学校也多有名气，像实验二小、中古友谊小学等，她们的见识、谈吐、气质乃至穿着，都让我感到了压抑，更不要说学习成绩的差距，不知不觉中把我小学六年的骄傲碾得粉碎！我开始有了自卑的心理。

60年前的几件小事至今埋在心里，不曾忘记。

其一：当时我家的经济条件非常差，父亲一个人很低的工资要养活妈妈、哥哥、我和妹妹4个人，勉强维持生活。我曾经因为迟交了女三中5块钱的学费，而被学校用大白纸把名字贴在学校大门处公示于众，回到家我哭得死去活来，逼着妈妈去借钱——我的自尊心受到了严重的伤害！还好，那时候的同学们很友善，不势利，同学张娟娟为我补交上了5元学费——我永远记住了我这位老同学张娟娟（真名实姓）！但是对于12岁未成年的我来说，自卑的痕迹深深地刻在了心里。

其二：与住楼房、家有保姆的同学有时同行，问我“你怎么不戴口罩啊”（那时候冬天戴口罩是御寒），我其实没有口罩，但出于虚荣，回答“昨天洗了，没干”，同学非常不理解地说“放暖气上一晚上肯定干了”。我无言以对，她的成长环境限制了她的想象，我住的是十几平米的小平房，哪有暖气？

其三：我上小学开始，背的就是妈妈一针一线手缝的布书包，小学时还没什么感觉，上中学以后，同学们背的斜跨包，尤其是军挎包，让我羡慕不已，可是家里哪有富余钱买书包啊？而且我是个懂事的孩子，从不跟妈妈提非分的要求，只是羡慕而已。

其四：由于从小要强上进，一上初二就递交了入团申请，而且自认为很努力，但是当看到一批批同学入团时，我彻底泄气了，也更加明确了自己在女三中的位置——一个曾经自以为是的“丑小鸭”！

还有很多，看似一件件小事，但对于我来说是一次次的打压和折磨，一来因为自己从小是听着表扬声长大的，养成了争强好胜的性格；二来也是心胸不够开阔，用今天的时髦话说叫“格局不够大”！记得母亲曾经说过“女三中把你害了，什么都想跟人家比，虚荣心忒强”！

我不得不承认母亲对我虚荣心的斥责是有道理的。但是说女三中害了我，并不准确，因为女三中虽然让我有了自卑感，但是也让我从同学们身上学到了许多好的习惯和优秀品质，尤其激发了我不服输、不甘落后的意志品质。我是要感谢女三中和女三中的同学们！

插队

“插队”这个词儿今天的年轻人只能从老一辈人嘴里听到，还得解释半天。插队通常是指1980年以前中国城市知识青年“上山下乡”的一种模式。插队是上山下乡两大模式中的一种，另一种为去农场（包括兵团和干校）。我们六六、六七、六八届毕业生，疏散到了山西、陕西、内蒙古等地的农村，从此多了一个新称谓“老三届”。

1968年，我17岁，响应毛主席的号召“知识青年到农村去，接受贫下中农的再教育，很有必要”。一腔热血的我们自己去派出所销掉了北京户口（后来才知道，我拿走户口本那天，妈妈在家里偷偷哭泣），辞别了父母家人，乘坐绿皮火车，咣当到了山西省左云县，在兴奋又焦急的等待之后，被分配到了左云县下属的破鲁公社栗恒窑大队。从此我们5名17岁的女生，成为了偏远山村栗恒窑大队的农民、公社社员、知识青年，成为了今天咱们国家的一个特殊群体——老三届知青中的一员。

关于我们山西插队的4年生活、经历，有太多的故事可以书写，我也曾几次动过写一本“插队回忆录”的念头，都被自己否了。此时不再回忆那些往事，因为与我本书的主题无关。但是如果用“酸、甜、苦、辣”四字来概括形容的话，我认为品尝到更多的是酸（辛酸）、苦（艰苦）、辣（心灵的刺激）。起码对我个人来说是这样。

如果说要我感谢4年农村的插队生活，我一要感谢锻炼了我们的体魄，

17岁的女孩子干着跟村里壮劳力一样的活，能干能吃能睡，一个个又黑又胖（身体落下什么毛病就不说了）；二要感谢体会了人间真情与人间冷暖，毕竟是从学校走入了社会，在磨难中逐渐成熟了；三要感谢，也是我最应该感谢的，是我们一起插队的4位女三中校友，我们因为志同道合走到了一起，离开北京的父母，在农村组成了一个新的家，我们5个人同住一个火炕，同在一个锅里吃饭，一同到地里干活，最重要的是晚上干完活，回到窑洞的土炕上，靠着自己的被褥，借着用墨水瓶做的小煤油灯微弱的光，我们每个人都会“学习”——看书、写信与外界交流、做几道数学题，似乎心中都有或多或少的不甘，不甘心自己的学业就此中断！

我们5个女生在相互影响着，我的自我感觉是，她们4个对我的影响更多、更深刻！记得一有回北京的机会，我们除去到公园去游玩、合影留念，享受久违的北京生活，我会近乎疯狂地借书、找书、看书，因为村里没有条件。印象深刻的像《基督山伯爵》《叶尔绍夫兄弟》《福尔摩斯探案集》等，都是在插队间隙跟同学借来看的。我之所以要在这件事上写上一笔，因为它跟我后来文笔较好有着重要的联系，看书，成就了我的语言表达能力和写作能力。

从教

有很多年，我哥哥都在讥笑我“初中教初中”！后来我当了高中班主任，带了高三毕业班，且成绩还不错，我哥哥还充满了疑惑：“你初中教高中，不可思议！”在一次他们四中同学聚会上，他把这个问题抛给了他曾经的老师。老师问了他两个问题：你妹妹初中哪个学校毕业的？她后来又考了后续学历没有？我哥哥回答：女三中毕业，又参加了成人高考。于是老师用一句话彻底打消了我哥哥的疑虑：这就够了，女三中的底子再加上后来的学习，够用了，关键是你妹妹一直没有放弃学习！这也就说到了我这一节的主题“初登讲台，我是‘三无’老师”——无学历、无资历、无经验。看到这有人会“喷”我了：你这不是误人子弟吗？你怎么敢站上讲台？是的，24岁，初站上讲台心里是忐忑的、兴奋的，同时也还有一些小小的自信，可能就源于从小学习名列前茅和一股不服输的信念。当然，也是国家那个特殊的时期，造就和成全了一个“特殊”的我——以初中的最初学历，做了32年一线教师，当了30年从初一到高三的班主任，并获得了无数荣誉，完成了《别和青春期的孩子较劲》《凭什么让学生服你》《9节课，教你读懂孩子》3本教育专著。直至今日，72岁结肠癌晚期，依旧活跃在教育的讲台上，用余生余热尽我所能地帮助我牵挂的孩子们，帮助年轻的同行们进步、成长！回头看，当初勇敢地站上讲台这一步走对了，这是我一辈子钟爱的事业，至今不曾放下！我的学生们可以证明：关老师没有误人子弟！今天敢于披露自己曾经在学历问题上的不硬气，就是想告诉正在看我书的老师们：**今天的你们比当初的关老师有着太多的优势，我行，你们也一定能行！**

说到“那个特殊的时期”，有必要解释一下：山西插队当了4年农民之后，被选拔进了山西大同机车厂技校，学习钳工技术，对于当时的我来说，能够有再学习的机会是件幸事，所以非常珍惜，成绩依旧非常出色。尤其让我得意的是，同学中谁有数学、物理方面的问题不明白，都会找我来问，我耐心细致地解答，时常被同学们赞誉为“关承华你真像个老师”，这也许注定了我跟教师这个职业的不解之缘！两年的学习结束，应该分配到大同机车工厂，这是当时亚洲最大的蒸汽机车厂，一个大型国有企业，当时能进这个企业是让很多人羡慕的。1974年，进厂不久，得到一个消息：工厂子弟中学招聘老师。这是一所规模大、学生人数多的完全中学，急缺老师，于是调用了我们3个原来的北京知青，从初一开始代课并担任班主任。这个时期特殊就特殊在于不考虑学历，只需要能力！而我们3人也不负众望，不但很好地完成了教育教学任务，而且都先后取得了大学学历。除去我始终在教育一线外，我的另两位同学加同事从事了其他行业，据我所知，一位在国家外事部门工作，一位退休前好像是北京市朝阳区教委领导。

也就从24岁这一年开始，我踏上了一条从教之路。现在有个时髦的说法为“兴趣是最好的老师”，我非常认可！年轻时的我特别钟情于教师这个职业，能够得到这个当老师的机会，简直是上天对我的眷顾，所以当时的心理状态是：**欣喜——如愿以偿；忐忑——底气不足；自信——从不服输；信念——做个好老师。**

激励

我的信念是做个好老师，这就是我的初心，非常简单也十分执着，甚至执着到今天，初心不改！

这里有一个曾经激励着我的小故事。

走进大同机车厂子弟中学，满怀激情接受了1个班班主任和4个班政治课的工作，无论是备课还是班级管理，都投入了全部的精力，学生们只比我小12岁，我用真心的付出很快就赢得了他们的认可与接纳（这是我的第一届学生，至今60岁的他们还跟我保持着联系）。正在我兴致勃勃、下决心要做出一番成绩之时，一位大我七八岁的前辈老师给我泼下一瓢冷水。这是让我感激至今的老师，所以也不用隐去真名，他就是孔繁瑞老师。一次到他家串门聊天，孔老师说："小关呀，我料定你这班主任干不长，你当不了好班主任。"我问："为什么呀？"孔老师回答："现在的学生，当班主任得身躯高大、面目狰狞，否则镇不住他们。"身高一米五、矮小瘦弱的我将信将疑，但却激发出了我不服输、不信邪、干就要干得最好的轴劲儿！我暗下决心：一定要做学生喜欢的好老师，好班主任！是孔繁瑞老师的这番话激励了我，给了我动力！一路走来，酸甜苦辣都尝遍，虽然磕磕绊绊，30年担任从初一到高三班主任不曾退却（荣誉就不提了，都是过眼云烟），32岁带着孩子参加成人高考，41岁获得中教高级职称，44岁以后陆续完成3本教育专著。至今初心未改，我只认定自己是曾经的一线教师，被学生和家长称为"好老师""好班主任"是我最大的荣誉与荣幸！

小结

苏霍姆林斯基说过：**"一个好教师意味着什么？意味着他首先是个热爱孩子的人。"**

中国人很长时间都羞于用"爱"这个字，作为凡夫俗子的我也不例外，一直不敢用"热爱教育事业""爱孩子""爱我的学生"等词汇。但今天翻回头来看，能够近50年耕耘在教育这块绿地上，乐此不疲，初心不改，我必须大大方方地承认：对孩子们的"爱"是基础、是前提，当然，这份

“爱”里有责任、有征服、有期待、有坚持。

而对“爱”，我的解读——“好老师”与“爱学生”相辅相成，是我爱着的孩子们，成就了我这个“好老师”！感恩我的学生们！

第二章

征服

自信和征服欲是好班主任必须有的底气

我曾经在承德县一中为高三毕业班学生做过一次演讲，题目是《“不服输”的信念陪伴我走到了今天——致临战前的莘莘学子》。

我是这样开头的：

同学们，我更愿意叫你们一声孩子们！

中国有句老话叫“人活七十古来稀”，我即将进入古稀之年，可是今天却主动请缨，专程从北京过来，想跟你们说几句心里话，想给你们鼓鼓劲，想在你们即将接受人生大考之际，来给你们加油助威！

我是谁？那些所谓的专家名头都不重要，重要的是我是一个从24岁站上讲台就再也离不开教育、放不下学生的老师，是愿意帮助你们的一位大朋友，我要感谢一中，感谢你们给我这个发挥余热的机会，我要用我的人生经历告诉你们，是不服输的信念陪伴我走到了今天，回顾一生，没有任何优势和背景的我可以自豪地说：我赢了！赢在我的不服输，赢在我对生活和教育事业的执着！

我在给你们的老师们培训时总爱说一句话：故作高深的人讲

道理，真正高深的人讲故事。我，一个普通一线教师，高深两个字与我无缘，但是我今天就是想用我的成长故事来打动你，你如果能从中悟出“70岁的关老师赢在了哪里”，对你的这最后一搏一定是一个激励！

我的一生可以写出一本书，但是今天我只跟大家简单说几个阶段的几个事件，中心就是三个字——不服输！

……

我用我人生几个阶段的坎坷与奋进、痛苦与挣扎、艰难与抗争、成功与喜悦，鼓励同学们，攀登上高考这座山峰，其实是在征服你自己！最后我说的是：

我可爱的孩子们！我今天就是来为你们做一点事的，这事就是以我的亲身经历告诉你们：敢拼才会赢不是空话，不是心灵鸡汤，是我几十年从黑发走到白发验证过的真理！我知道，你们已经在成长的道路上拼搏了，在即将看到胜利曙光之际，切不可松懈，一鼓作气冲上去，不管结果如何，经历过就是一笔财富！

可以看出，“不服输”3个字已经刻在我的骨子里。所以当我站在讲台上，真的成为一名老师，每天面对着那么多精灵古怪、调皮捣蛋、可爱可气的麻烦制造者时，“不服输”在不知不觉中转化成了“征服欲”！而且我的征服不是震慑，不是打压，不是斗狠，不是让学生怕我，因为我一直坚守一个理念：让学生怕不是好老师！应该是让学生佩服、信服、折服！

看到这里，一定有老师会发出质疑：哪个当老师的不想征服学生啊？可是我没招儿，或者我的招儿不好使，有的学生油盐不进！那么我说，凭你的年龄、学历、资历、社会经验在学生面前败下阵来，可能是智慧不够，自信心不足，目的性太明显，控制欲太强。让学生先把你的意图看透了，他就有了防御和抗拒心理，还谈何征服！

下面我会筛选一部分我的“征服案例”，仅仅是一小部分，30年班主任，我几乎天天都走在对学生“爱＋征服”的路上，有的早已忘却，我列出我的一系列记忆深刻的“征服”案例，希望看到的老师先扪心自问：遇到同样的问题，自己会如何出招治理？希望能够抛砖引玉，拿出你们更高明的办法或招数。我坚信，你们一定行！

征服案例1

每次接一个新初一班级，我都会告诉充满陌生感、好奇感，还有几分忐忑不安的学生们：你们小学老师给你们写的评语、鉴定，我已经放到了一边，我不想先入为主、戴上有色眼镜看你们，因为走进中学是个新的开始，我相信自己的眼睛和直觉，用你自己的表现让我认识你！其实不出三天你就会发现，一定有那么几个自带“标签”的学生——他用行动告诉你“我是小学老师不喜欢的学生”。

这次新班级引起我注意的是一个高高大大的男孩子，他不敢直视老师，一副不屑的表情，双腿永远是“稍息”的姿势，说话时还要有意识地抖动，站在那里好像身体有八道弯，总之很萎靡。根据经验，我知道这是一个在小学总挨批评的所谓“后进生”，他用盔甲包裹着自己，装出一副满不在乎的样子，对老师随时保持着戒心。很快任课老师就纷纷来告状了，反映的主要问题是懒散、站不直，尤其是体育老师格外气愤：队列练习时不会立正，好说不听，训斥没用，踢他左脚他右脚伸出来，踢他右脚他又把左脚伸出来，总之永远“稍息”！

问题摆到了我面前。我做的第一件事是观察，在操场上观摩体育课，掌握第一手材料；第二件事是思考，他为什么要固执地坚守自己的这个坏习惯；第三件事是动脑筋寻求“征服”的策略。最后，根据他“反正你们认为我是坏学生”的破罐破摔心理，我采取了和蔼的“以毒攻毒”招数，因为不能再以强硬的批评致其进一步逆反了。

在一节体育课上，他又在跟体育老师较劲。我把他叫出来，到校园一个偏僻的角落，我和蔼地轻声说：“现在只有咱们俩人，关老师想问你一个私密的问题。”他立刻警觉起来。“你是不是不舒服？两条腿不一般长，或者一条腿粗一条腿细？”没等我继续往下说，他就急眼了：“谁说的？我没得过病，我腿也没毛病！”说完主动撩起裤腿让我看。我“认真”地看了看，然后告诉他：“因为你一直不会立正站直，有人提醒我，是不是你的两条腿长度不一样，我怕同学们知道，所以私下找你了解一下，如果真有残疾，我就会告诉老师们特殊照顾你。”他急切地表示：“我没病，我也能站直。”然后我喊口令“稍息、立正”，反复了几次，说：“这下我放心了，我真担心了好几天，这下大家对你的误会也可以消除了。”最后，我郑重地给他提出了要求：站不直已经形成了坏习惯，显得很颓废，不精神，得改！但是关老师知道你坏习惯已经不是一天两天了，需要慢慢来，在别的场合和其他老师面前不强行要求你改，我的要求是你一看见我就站直，形成条件反射，逐渐你就纠正过来了。就你这身高，你这身材，站直了多精神啊！

由于我这个班主任整天跟孩子们在一起，他总能见到我，关键是他脑子里多了一根“想好”的弦儿，于是很快就调整过来了。过后他告诉我，本来我学习就不好，再说我身体不好我当然接受不了。可是为这点事老师老数落我，越说我越烦，越顶着干！

这个征服的难度大吗？不过是动了一番心思而已。

征服案例2

当我入驻小红书平台，账号“关老师聊教育”刚刚开始，我的一位多年不见的学生在朋友圈为我做了个宣传：“我的恩师——关承华老师在小红书开课了。关老师在退休前在教育一线奋斗了几十年，退休后更是发挥余热，只因心中的梦想！关老师是第一位让我感觉像朋友的老师，也是关老师让曾经叛逆的我知道，老师不都是敌人。请小红书关注‘关老师聊教育’，让教育更简单！”说实话，当年的调皮蛋、小刺头，能写出这样的文字，让我意外并对他刮目相看，而他表达的“老师像朋友”则让我感动！回想起我们师生成为朋友的过程，也就是我征服他的过程！

刚进初中，这个白白胖胖、一脑袋卷毛的男孩就比较引人注目。经过一段时间的接触与考察，我的结论是这个学生有点“亦正亦邪”。说他“正”，是因为总是一副笑模样，对老师有礼貌，爱打个抱不平；说他“邪”，是因为身上有一股“混不吝”的劲头，别人不敢惹，他的交际很广，不乏一些社会青年。其实我对他的征服欲是从心疼开始的。开始是了解到他的家庭背景有点复杂，父母离异，而且都不在他身边，日常陪伴他的只有姥爷，姥爷又在忙自己的事情，放学回家经常要自己做饭吃，这跟大多数独生子女的优越条件相比，显然就挺让人心疼的。虽然我不是他的班主任，但作为年级组长，我对这个学生多了一份关注。后来发现，无论深秋还是寒冷的冬季，他永远是一身校服，从不穿秋裤，上身校服里面顶多是一件短袖T恤，我的不理解和心疼同时迸发，三番五次劝他添加衣服，甚至是命令！可他就不服从，理由是“不冷”。我的常人思维是“怎么可能不冷呢？我们可都穿羽绒服了啊！”，进一步的想法自然就出来了，“他的家长怎么不关心、不心疼孩子呢！”于是我要跨界家访了，因为我不是他班主任，可以不尽这份责任和义务。

经他同意，一天放学后我陪他回家，家里果真没人，姥爷有自己的事，经常不在家。他熟练地焖米饭，鸡蛋炒西红柿，还切点熟食，我陪着他边吃边聊，不知不觉中，一个13岁的男孩把我感动了，他的那种平和——对家人没有任何怨言，说起爸妈来表示“他们自己过得挺好就行了”；对自己的那份自信——根本不觉得自己受了什么委屈，一切都能自理；跟我交流时的那份坦率——您放心，我有时候是挺混的，不拘小节，但是我有底线，不会给您惹大麻烦。这次家访我进一步了解了这个学生，认可了他的能力，也知道他确实有个不怕冷的好体格，后来我叫他“火娃”。这样我们师生间的情感距离拉近了。

但真正征服他，是一次意外事件，他与一位刚入职不久的年轻老师发生了一点小小的误会，老师认为自己的师道尊严受到了冲击，很是气愤，而这个时候的他也是一肚子委屈。我了解了情况后首先做了他的安抚工作，教他对老师多一些尊重，而且明确表示小老师也有错，过于敏感，不够宽容，主要还是经验不足，我可以去帮助甚至批评她，但你也要包容与谅解。

这就有了他后来写出的“也是关老师让曾经叛逆的我知道，老师不都是敌人”。后来有一次，当我制止了一场险些发生的恶性事件，从社会青年手里夺下了一把刀，被要求到公安机关做笔录时，晚上7点半了，外面下着雨，同学们都各自散去，他知道我一直没回家、没吃饭，就在派出所门口等着我，手里捧着的是他买的牛奶、面包、火腿肠！初中三年，他兑现了自己的承诺：尽力学习，不惹大麻烦。挺好，我很满意！

这就是我征服了的学生，他没有上大学，但他是我的骄傲，因为他是凭自己能力在社会上自立的普通人，这就够了！

我们昨天在微信聊天，说到我写的关于他的内容，没想到他的要求是：第一要用我的真名裘鑫然！第二您就明确写我当时就是个“混蛋”，谁的话都听不进去，但上了中学，我就听您的！我不解了：别人都怕暴露隐私，我的所有案例都是基于真实的事例，但其中的主人公一定是化名！他给出的理由是：我为是您的学生而骄傲！

他，就是我“征服”了的学生——裘鑫然！

作为班主任，对于所带班级学生的教育管理，如果只停留在管教、震慑、压制，或者讨好、感化、哄劝的层面上，只顾着见招拆招，达到让学生服从的目的，先不说效果如何，对咱们班主任本身来说，就会出现连锁性的不良反应，即身心俱疲——费力不讨好；焦头烂额——按下葫芦浮起瓢；学生逆反——加剧师生矛盾；失去信心——对班主任工作厌烦和恐惧。我相信，这是很多有班主任工作经历的老师们曾经有过的体验。所以，当我现在提出要向老师们传达我当班主任的成就感、价值感和幸福感时，有人会说："吹牛吧，你？"我接受质疑！但我也坚信，我对于自己初心的追求，我的教育理念、从教经历、育人经验，以及大量成功的真实案例，可以为同行们释疑——这源于我在教育生涯中逐渐积淀和积累起来的底气！

用"脑"思考教育——底气之根

用"脑"去思考教育，提高自己的教育深度、教育内涵、教育水平，达到让学生佩服的境界——这是我在《凭什么让学生服你》一书中提出的我的观点和理念。今天再一次提出来是想说，征服学生你要有足够的底气，也就是要有完成自己征服欲望的自信！征服学生绝不是一时兴起，更不是赌一口气，底气和自信的根，就是为人师要有"魂"，即有头脑、有思想、有与时俱进的教育理念。

现在社会上有一种共识：今天的孩子们懂得太多了！知识面太广了！进而就是今天的孩子太难管了！我想问的是，前面的两个"懂得太多"和"知识面太广"，难道不是社会发展进步的结果吗？难道不是一件值得称道的大好事吗？为什么会让我们成年人为此而忧心忡忡呢？答案就是第三个"太难管"了！父母、老师还在坚守着对孩子、对学生传统的"管教"，而信息社会最先冲击到的就是年少或年轻的孩子们，他们捕捉信息的敏感和接受信息的快捷，走在了很多成年人的前头，这是目前很多家长、老师在孩子们面前败下阵来的一个重要原因。我想我们既不能阻挡、拉慢社会的高速发展，也不可能让孩子们在海量信息面前迟钝一些，尤其今天的家长和老师们，绝大多数人有着不容置疑的硬件：相对高的学历，丰富的社会经验和工作经历，我们没有理由在孩子们面前甘拜下风啊！所以我的观点是：**老师，尤其是班主任，不断学习先进的教育思想，逐渐形成自己的教育理念，与时俱进，提高个人内在的修养和能力，才有征服学生的底气！**

20世纪90年代初，我心中曾经有一位"偶像"班主任——欧阳勃苏老师。那时候她已经临近退休年纪了，我佩服她，甚至仰望她，不是因为她的年纪，不是因为她花白的头发，甚至不是因为她丰富的班主任工作经验，而是她内在的底气和自信感染了我。

有两件事让我印象深刻，并在冥冥之中影响着我。**其一：**一个初三女生怀孕了，这在当时可是绝对属于社会丑闻、学校丑闻、家庭丑闻，被嗤之以鼻的。传统的父母无论如何不能接受，把女儿驱逐出门，扬言"让她自生自灭"。曾在国外生活学习过的欧阳老师所持有的观点是：她是未成年人，还没有对自己行为负责的能力，这就是她成长过程中犯了一个错误，她的路还很长！欧阳老师的做法是：给予这个与自己非亲非故、身处绝境的女同学以关爱，陪伴她去堕胎，接回自己家中为她调理身体，在逐渐恢复健康的过程中，给她讲做人的道理，为她补习落下的功课。表层的结果是孩子重新回到了课堂，实质的意义在于欧阳老师拯救了一个孩子！**其二：**欧阳老师学识渊博，她当时可以教授数学、物理和英语三门课程，同学们都很佩服她，她与孩子们的关系非常融洽。有一次几个"坏小子"想难为一下这位"无所不能"的老太太，于是提出了"我们能从右边上自行车，您行吗？"。毕竟50多岁了，试了一下还真不行，但是欧阳老师当下说了一番狠话："你们等着，你们行的我一定能行，我行的你们要是不行，你们就得听我的！"学生们做梦也想不到，他们的欧阳老师下班后在操场上练习从右边上车的技巧，摔了N多次，终于掌握了！于是第二天理直气壮地告诉学生们："这点小伎俩难不住我，你们检验吧。"然后又说："我现在可要出题考你们了啊。"在与学生的嬉笑中，一个个"坏小子"们嘴里不停地喊着"服了！服了！"。

约30年前的事，我记忆犹新，因为我深刻地体会到，欧阳老师无论是挽救那个陷入泥潭的女孩，还是征服这些个"坏小子"，不是运用手段和技巧，而是凭借自己的教育思想和渊博的知识底蕴，这就是底气！

值得庆幸的是，我从一个"三无"老师走到今天，用"脑"思考教育是我不变的坚持。我曾经在各种场合多次提到，我特别钟情"与时俱进"四个字或者说这个概念，它赋予了我学习的动力和不断提升自己的欲望，鞭策着我紧跟教育发展的步伐，尽可能晚一点被淘汰。所以年逾古稀的我至今仍旧行进在不断学习的路上。今天坐在电脑前敲击键盘，继续我第四本教育专著的写作，需要的是不懈追求的勇气，还有把多年积淀积累下的教育理念、教育心得输出的欲望——我还有的说、有的写，这也就是我的底气！

有心的朋友可能会注意到，我有两大忌讳。第一，我基本不用"教育事业"这个概念，太高大了，我够不着！几十年来，我反复强调的是，我钟爱并乐此不疲干的是"教育这件事儿"，从不用"忠诚党的教育事业"的口号为自己脸上贴金。第二，对于我输出的、传达给老师们的观点，我从不用"我的教育思想"，我自知没那资格！陶行知、蔡元培、苏霍姆林斯基等大教育家，传达、引导我们的教育理论才是经得住推敲和时间考验的教育思想。而我在多年实践中总结、提炼出一些对年轻教师、对家长有些许帮助的意见或建议，我最多称之为我的教育“理念”——在不断学习和实践中的收获，也是我能够走到今天的底气。

还是用真实案例说话。

早在20年前，我就在我的《别和青春期的孩子较劲》一书中提出了**“没有心病的孩子无大错”**的观点，鼓励孩子们诉说，告诫家长**“高明的家长会倾听”**，开始关注孩子们的心理健康教育。由于确立了这种理念，帮助了不少迷茫中的学生和不知所措的家长。

征服案例3

一天晚上，突然接到一个初二男生的电话，吞吞吐吐、欲言又止，情绪很不对劲。其实这不是我所带班级的学生，但是我了解他，学习不努力，跟外面的社会青年有交集，这么晚了给我打电话，我的第一反应是“惹事了”“犯错了，自己解决不了了”，但接下来他的表述让我大吃一惊，即刻心就提到了嗓子眼，他表示：已经买好药，准备今天结束生命，一想到所有老师里您对我最好，有些不舍，所以还是跟您告个别……我虽然很紧张，但是通过他主动给我打电话，我读懂了他内心深处的语言是“不想死”“关老师不会让我死”，正在生死的抉择中犹豫徘徊。我提出立即去见他，他拒绝，而拒绝的理由是心疼我，天太黑，路太远，怕我不安全，于是我引导他向我诉说。原来是跟他玩的社会不良青年倒卖淫秽光盘，他的那些“大哥”们被抓了，他预料自己也逃脱不了，不敢跟父母讲，也怕学校知道，思前想后，再三犹豫后，决定一死了之。还好，在彷徨时想起了关老师这根“救命稻草”，估计他拨通我的电话时，已经知道自己死不了了，“关老师怎么可能不救我呢？”。于是近一个小时的通话，讲了他的交友不慎，讲了他平时的不自律，讲了愧对父母的养育之恩；也讲了他的聪明、懂礼貌、善良；尤其讲了他这次知错、知羞耻，心灵深处还是有是非观念的。在批评与鼓励双重夹击下，他表示放下轻生的念头，我答应他明天我去与警察沟通。第二天我找到片儿警，其实人家根本没把他列入，一个在校学生，没有直接参与，是他自己心虚害怕了。也好，给他一个教训，比父母老师的说教都管用。

这个学生以后进步很大，初中顺利毕业。年头太久，我对他的印象已经很模糊了，但是这件事已经留在了我的记忆中，因为我意识到，我对于这个学生的征服，绝不仅仅是在当晚，而是在平时“他感受到了我对他的好”，所以在犹豫彷徨之际，他才有勇气向我发出求助的信号。我不仅征服了他，还挽救了一个14岁的生命，甚至可以说挽救了一个家庭，他也是爸爸妈妈的独生子啊！

“师生间理解的时间差”，是我特别急于传达给老师们的一个理念。因为老师们普遍都存在着一种委屈：总要求我们理解学生，谁理解我们呀？我们老师为学生付出了那么多，得不到学生的理解，心里很不舒服！是啊，这种不舒服和委屈我也曾经有过，但是在跟学生们打交道的过程中，我逐渐意识到，孩子们不是我们认为的那么“不懂事”、那么“没良心”，他们对老师的理解往往有一个延缓期，也就是时过境迁、事过境迁之后，而老师对学生的理解却需要“现在进行时”，因为你没有走进学生内心，不理解学生，就无法对症下药。

相比较而言，班主任征服一个“自认为很有思想”的高中生是有难度的。

征服案例4

当高中班主任时，我跟同学们的关系比较融洽，我很少居高临下地训斥他们，孩子们也很尊重我。但有一个稍显另类的男同学，认为自己有头脑、有思想，爱发表一些与众不同的看法，尤其对社会现象，看阴暗面更多一些。在其他同学说到我的好时，他总是不屑地表示“甭信她的，关老师最虚伪了”。说多了，自然就传到我的耳朵里了，我一点也不生气，反而激发了我的征服欲。心里一个念头就是：你小子等着，我非得让你服我不可！

第一步，在教学上得到了他的认可。不论是高一的经济学常识，还是高二的哲学课，他感兴趣、肯钻研、善提问，我们师生共同学习、讨论，交流很融洽。第二步，了解到他大部分时间都是一个人生活，父母不跟他在一起，于是我以家访的名义，放学后陪他回家。我们一起做饭、吃饭、聊天，我们聊社会，聊学习，聊对对方的看法，他坦率地收回对我“虚伪”的评价，了解了我对学生是真心。那一夜我没有回家，因为我们聊到了半夜，后半夜入睡前都意犹未尽的感觉。第二天我们一起到学校上班、上学。从那天起，我们师生间的关系和睦了，他学习也更努力了。高三分文理班，他主动提出学文科，顺利考上了大学法律系，供职于公检法系统。在结婚时还给我发请柬，邀请我参加了他的婚礼。

回过头来分析，一个十六七岁的学生，他的思维方式有偏差，一来是性格使然，二来有家庭父母的影响，而对老师的误解往往也是由于缺乏沟通与了解造成的。老师与其跟他生气、赌气，不如用自己的智慧去征服他！这里不仅需要老师们的智慧，更需要咱们的大格局，如果格局太小，你就会耿耿于怀，斤斤计较。跟学生较劲，其实是在跟自己较劲，甚至忘了他是未成年人，是咱们的教育对象，而不是对手！

这小子，还是被我征服了！

征服案例5

征服一个“刺儿头”学生对我来说还不难，征服一个班级的学生，可就要付出更多的努力和辛苦了！

正赶上中国足球甲级联赛如火如荼，班里北京国安足球队的球迷还真不少，而且不仅限于男生。现在回想起来，当时学生们的学习压力真没有现在这么大，晚上看球、白天聊球，一个个兴致勃勃，说起他们喜欢的球员，如数家珍。这时候作为班主任的我底气可就不足了，平时挺能跟孩子们聊天的，现在我插不上嘴了，因为我整个一个足球盲，孩子们聊的我听不懂。尴尬之余，我不服输的劲头又上来了，因为我意识到，在这件事上如果我跟孩子们有了共同语言，可以与他们共情，那对于我管理班级一定有益！于是我回家求得儿子的帮助，让他陪我去工人体育场看国安的主场比赛。感谢儿子，以后国安队的主场比赛，我们娘俩一场没落，其实我们家离工体挺远的，儿子负责提前买票，陪着我坐地铁，一边看比赛一边给我讲足球知识：什么是角球、什么是越位、什么是定位球、什么是边线球、红黄牌怎么给，等等，太多啦！学了知识，长了见识，感受了现场氛围，自己还真被感染并成了一位老球迷。而看球的经历给予我最大的收获，是跟学生们增加了一种共同语言——我可以跟他们聊球啦！有了底气，我又动了脑子：不妨紧紧抓住、充分利用学生们的兴奋点，因势利导，以增强集体凝聚力为潜在目的，通过组织一场与足球有关的活动，让学生在活动中增强上进心，提高自觉性，建立责任感。于是我跟班委们商量，围绕大家津津乐道的“国安永远争第一”精神，组织一次主题班会。毕竟是高中生了，他们的能力不容小觑，很快一场热情高、质量高、效果好，以“学国安精神，永远争第一”为主题的班会召开了。不得不说，每学期学校安排的主题班会是任务，不得不完成，老师得花费大力气策划、布置，给学生下达具体任务，忙了一溜够，精疲力尽的，其实往往收不到预期的效果。而我们这次主题班会，不用动员，几乎是全员参与，每人表演一个与足球有关的节目，或者讲一个国安球员的小故事，同学们都处于亢奋状态，一个个兴高采烈。作为班主任，我只是提议、规定主题，当然也参与了表演，讲了一个国安小故事。完全出乎我预料的是，班长张岚突然提议：给国安足球队写一封信，表达对他们的爱戴和我们学习国安“永远争第一”精神的决心。我马上不失时机地提出我们高一四班的目标：**学国安精神，人人争进步，班级争第一**！为我们班集体凝聚力的形成确定了核心内容。要求每一个高一四班成员的举止言行都以集体利益、集体荣誉为衡量标准，形成了一股人人向上的正气，也激发了同学们的学习积极性，培养了同学们的竞争意识。一位原本学习自觉性较差的同学对自己的父母讲“走进高一四班教室，你不得不努力学习”——这是家长反馈给我的。

可喜的是，当值的国安足球队主教练金志扬，亲笔给我们班回了信，那可是一个巨大的鼓舞啊！一个优秀班集体就此诞生！

我不服输，就要学习，提升自己征服学生的底气！有了正确的理念，就不至于头疼医头、脚疼医脚，让自己手忙脚乱。很多老师忙乱和纠结在一些具体事件上，累、气、急、怒不说，还效果不佳，这个案例告诉你的是，咱们是高于学生的教育者，不是事无巨细都要管的管家，区别就在于教育者要动脑子，要不断学习，不断修正和提升自己。

“让学生怕不是好老师”是我始终坚持秉承的宗旨。

“辛苦不是评价老师的最佳标准”是我的个人观点。

既然我的初心就是要当个好老师、好班主任，所以在“好老师”三个字的含义上，我时常在思考，且时有认识上的充实与提高。

我认识的一位小学老师，以“厉害”著称，我对于她的厉害有两方面的理解，一方面是褒义的，即在小学低年级的语文教学上确实不错，教学认真，要求严格，所带班级的考试成绩在4个班中基本处于领先水平，可以感觉到这是一位争强好胜的老师，这本是孩子们的幸事，可不幸的是，这位每日辛辛苦苦的老师，在学生包括家长们中的口碑并不尽如人意，甚至是怨声载道，这就源于她另一方面的厉害，即对学生的态度严厉到了让学生惧怕的程度：一年级刚入学第一周，就对不符合自己要求的学生训斥、体罚；作业不合格撕书、撕本扔进垃圾桶；学生举手上厕所不被允许，以致尿裤子；罚站、推出教室、停课时有发生；请家长、训斥家长是常态。孩子们内心恐惧老师的厉害，父母们心有怨言但又无可奈何。

征服案例6

当一个8岁小男生被老师揪着脖领子往教室外面拖拽时，孩子眼中充满了恨意，于是我接手了这个学生。下面是我当时的教育跟踪记录。

教育跟踪记录

救赎

◎ 2017年11月24日

◎ 某小学二年级某班微信群。

李海家长：老师，您让孩子到传达室来吧。

我心一惊！因为我太了解这个孩子了，一个很聪明的小男孩，由于自我约束能力太差，经常违反学校纪律，在学校被老师训斥、惩罚，都是家常便饭，三天两头找家长，爸爸颜面扫地，于是回到家接着挨打。就在老师和父亲的“双打”教育下，孩子没有了自尊，受到同学们的歧视与排斥，他虽然“恶习”未改，但成绩却总是名列前茅。我一直很心疼这个孩子，很同情这位苦恼焦虑中的父亲。

今天看到这条微信，我怕是老师又一次让家长把孩子领回家。于是我的职业病又犯了——下决心出手干预。

我：李海爸爸，你现在让孩子到传达室是什么情况？是生病了还是犯错了？我很怕你对孩子用暴力，我愿帮你。

我：在我看来李海真是个好孩子，怎么能够充分调动他的正能量，你要好好思考，千万不可以学校也暴力回家也暴力。

李海家长：唉，我现在很头疼，您能帮我最好啦！

李海家长：您方便吗？想跟您通个电话。

于是就有了在雪丽熊咖啡店，我与李海爸爸的一次长谈。

◎ 2017年11月24日上午10点半—下午1点

◎ **雪丽熊咖啡店二楼**

我平常所了解到的是孩子糟糕的表现和老师、家长近乎粗暴的教育。对于老师，我们无从改变，我想从孩子和家长入手，改变一下现状，让孩子走进阳光，让家长走出焦虑。那么我就先要了解一下孩子从小的成长环境以及性格的成因。

李海从出生就生活在姥姥、姥爷身边，6岁前父母没怎么管，在姥姥的百般呵护下，衣来伸手饭来张口，这不能摸，那不能动，这个不干净，那个不安全，于是孩子胆小，完全没有男孩子的冒险精神，快8岁了不敢独立睡觉。总之，一切都有姥姥代劳，吃饭姥姥替他擦嘴，一年级了姥姥帮他穿衣服，自己的东西掉在地上了从来不捡，因为有人帮他捡，甚至自己的衣服掉在地上他能从上面踩过去，上学后每天放学回到家铅笔没有了，但不是用完了，是掉了就不要了。我无意责怪老人，因为这是隔代教育的通病，我也犯过。

我曾经在我的书中深度论述过一个观点：**孩子身上一定有家长的影子和家长教育的痕迹，“影子”是指家长对孩子的遗传和影响，“教育痕迹”是指家庭教育的理念、方法和教育氛围**。李海的成长轨迹再一次印证了我的观点：第一，李海父亲多次表述“我小时候就这么淘，这孩子跟我小时候一样”，那么这遗传因素是跑不掉的了；第二，孩子在5岁前是最需要爸爸妈妈陪伴的，是孩子性格定型的关键时期，可是却把孩子完全托付给了老人，让孩子在重要的成长时期缺失了来自于爸爸妈妈的、真正意义上的“亲子教育”；第三，来自隔代老人的“爱”，过于厚重，过于浓烈，过于细微，而缺少科学性和符合时代要求的教育理念。这是孩子今天让家长头疼的病根，尤其是第二点，幼儿在成长阶段爸爸妈妈（特别是妈妈）陪伴与教育的缺失，严重点说是父母的失职！我总是说，老天是公平的，你对孩子的亏欠往往需要数倍的偿还，现在孩子二年级了，再去纠正从小养成的不良性格和坏习惯，第一很难，第二用暴力对孩子是不公平的！因为这是你们自己酿出的苦酒，必须自己品尝。

还好的是，孩子还小，而且非常单纯，非常聪明，品质和人格上没有大的瑕疵，我认为“孺子可教”。我愿尽我所能，帮助这个不快乐的孩子，帮助这对焦头烂额的父母，无所图，孩子进步是我最大的满足。

跟李海父亲畅谈后，只是了解了他的家庭教育的概况，下面我必须给孩子诉说的机会，听听孩子的心里话。趁热打铁，于是，就有了我与李海的第一次聊天。

◎ 2017年11月24日晚上5点45分—7点30分

◎ 百萨屋比萨店

之所以选了百萨屋，是因为李海5点半刚下课，该吃饭了，比萨又是他爱吃的，而我认为最重要的是，跟孩子聊天别那么正式，边吃边聊效果会更好，因为孩子不用设防。但是后来发现选错地方了，因为餐厅墙壁上有一个硕大的电视屏幕，正在播放综艺节目“跑男”，为我们的交流设置了障碍。

平时见面会打个招呼，今天认真观察孩子，给我的第一印象是：清秀、干净、简单、热情、有礼貌，像个小书生，看外表绝想不到是一个闲不住、闹翻天、让老师厌烦、让家长无计可施的“熊孩子”。

出于职业习惯，在父子俩点餐时我细细观察，通过孩子不经意间的表现，可以看到他最真实的一面。爸爸在一边不断提醒他“你要照顾关奶奶，看关奶奶爱吃什么”，他马上就会回应一句“您爱吃什么”，但显然没经过大脑，只是嘴在敷衍，因为能感觉到他的思路还是在选择自己的所爱，在为自己点餐。不为别人着想，这是独生子女的通病，李海也不例外。但是当他爸爸决定把水果沙拉换成蔬菜沙拉时，他也不反对，这又跟有些孩子的固执、霸道、说一不二有所不同。

我今天最主要的目的就是挖掘孩子的内心，让孩子说说心里话，诉诉委屈，于是话题就从“心里有什么委屈，对爸爸妈妈有什么意见”开始。能看出一瞬间的沉重，但仅仅是一瞬间，因为左侧的电视屏幕把他吸引过去了，我要求他转过头来，他又盯着右侧的玻璃窗看，开始我还没明白，后来才发现玻璃里面映出的电视画面，无奈了。在我不断的提醒下，他断断续续地表达了自己对爸爸妈妈的一些意见，但是明显感觉到他的心不在焉。归纳一下，他表达了三点：1. 爸爸在学校作业以外给他布置了太多的作业；2. 总是挨打，老师一告状，爸爸就使用暴力；3. 妈妈太自私，脾气暴躁，为一点事就和别人吵架，和爸爸也吵（孩子是用具体事例来说明的，不细述）。

为了排除电视的干扰，我请服务员为我们调换了座位，换到另一张桌子，让他背朝电视，我们的谈话顺畅多了。

说到在学校的委屈，他用了一个字“恨”，出乎我的意料。因为早就知道他在学校经常被老师打或者拖拽，同学们都很排斥他，是同学们眼中公认的“差生”，可是给人的感觉是他不在乎，所以今天从孩子嘴里说出了“恨”，让我意识到了问题的严重性。他还表示，对老师他只能“瞪她”，在老师拖拽他、同学们笑他时，他想冲过去狠狠地揍他们！现在孩子才7岁多，随着年龄增长，他会永远只敢“瞪她”吗？这位老师太不懂孩子的心了。就在我们的交流即将结束时，没想到李海长出一口气，靠着椅子，头往后仰，说了一句我没法回答的话：“今天把我的文具盒扔进垃圾桶了，怎么打学生还能评为优秀教师呢？”

因为是第一次跟孩子交流，主要是他说我听，所以不打算给孩子提什么要求，平时对他的要求已经很多很多了，并未见效果，这需要点慢功夫，不能急于求成。我给他的唯一承诺是：以后爸爸不许轻易动手，但也不是完全不打，爸爸实在觉得你该打时，先到我这里“报批”，我批准了就可以打，当然我不希望接到爸爸这样的申请。

与父子俩的谈话结束后，我这个从来都是倒头就睡的人居然失眠了。我意识到教育和改变李海需要点慢功夫，理由是：1. 失败的家庭教育恶果，必须由父母来承担，家长要配合我改变教育方法；2. 孩子的不良习惯积累的时间太长，不是一朝一夕能够改掉的；3. 由于老师在大庭广众下采取的一些错误手段，导致孩子缺少了自尊与自信，重新建立需要时间；4. 在我看来难度最大的，是他头脑太过简单，简单到做什么事都没思想、没目的、没动机、没企图，不要结果、不考虑后果，全凭一时兴起。

慢慢来吧，我将尽全力拯救这个既可恨又可爱的孩子。

◎ 2017年11月27日上午

与李海爸爸通电话20分钟，进一步交流教育方法。

◎ 2017年11月27日下午

我孙子主动把自己非常喜欢的一套丛书《老鼠记者》的1—5册借给李海，他愿意协助奶奶帮李海进步。

后补记 陆陆续续20本《老鼠记者》读完了，每次换书时我都要叮嘱他几句。孩子是在进步的。我基本征服了这个桀骜不驯的“熊孩子”，目标就是为他的青春期做一个好的铺垫，因为一旦把他对老师的恨、对同学们的不满带进青春期，那他会变本加厉地“熊”，后果不堪设想。而今天，李海已经是一名初中生了！

孩子进步了，我撤了。本来也是萍水相逢，出于对孩子的爱，管了这么一件“闲事”。但是我特别想对这位老师说，不了解孩子的成长环境，不走进孩子的内心，想凭“厉害”镇住学生，非但不会有好的效果，还辜负了您的辛苦和付出。

小结

今天的孩子们不容小觑，今天的老师让学生们佩服不是件容易的事。有学生向我告状“老师今天冤枉我了”“我们老师偏向谁了”“老师有一个题讲错了”等，引发了我对“老师”概念的思考。于是我告诉孩子们**“老师是一个知识比你先学了一步的凡人”**，既然是凡人，就难免犯错误，不要太苛求；知识比你先学了一步，你就要把他掌握的知识学过来，而且要有信心超过你的老师，这样一说首先平复了学生不忿的情绪，也没有伤害到老师，多次实践，效果良好。但是我对老师两个字的解释，只适用于学生，对于老师自己来说，一定要明确："教师"是个职业，"老师"是个身份，是个尊称，身为老师，就要对得起这一声"老师"！而学生佩服老师的不仅仅是你的学识，还有你的教育思想和教育底蕴。

用"心"理解学生——底气之源

用"心"去理解学生，你给予他们平等与真诚，才会赢得他们不设防的信服；不带有伤害的教育手段，必定会让孩子折服——这是我在《凭什么让学生服你》一书中提出的又一个观点：学生对老师的信服与折服，取决于老师对学生的理解和具体的教育手段。

相对于学生对老师的佩服，信服与折服层次并不深，是学生通过老师的教育方法、教育手段直接就能感受到的、不得不服的一种心理状态。而征服学生的底气除去自身的教育修养以外，在你教育理念指导下的方法与手段，必须有对学生的理解作为前提，走进学生内心，理解学生，读懂学生，具有正确导向的方法和手段才会不断充实你的大脑！

在指导年轻老师、给他们"支招儿"的过程中，他们时常会发出这样的疑问："关老师，您怎么会有那么多我们想不到的招儿啊？"我的回答是：功夫在课外！得用心、用脑子！

征服案例7

个性强，有主见，有毅力，发现自己学习上的漏洞后能够积极去补救，而且收到明显的效果。在对社会问题的一些看法上，你应该意识到你毕竟年龄不大、涉世不深，发表意见还为时过早。不过我已经欣喜地看到了你在这方面的进步。

这是我给一个高二男生的期末评语。从一个被学校师生乃至领导列为“另类”的高中生，到高考以文科第四名的成绩考入对外经贸大学，作为陪伴了他3年的班主任，为了征服他，我可真的是费了脑子、用了心，但我所付出的一切都是值得的！

当时带的是一个高中重点班，本来心里就很有压力，开学不久就发现了一个“怪孩子”。其实能考进这所中学的重点班，一定很聪明，学习基础较好。说他“怪”，从外表来看，黑黑瘦瘦，个子不高，走路两臂夹紧，手臂不摆动，性格略显孤僻。他知识视野较广，有主见，个性较强，对时政、社会热点特别敏感，看社会阴暗面较多，上初中时就有组织团体的构思和行动，引起了学校领导的密切关注。升入本校高中后仍旧不合群儿，对许多问题的见解总是与众不同，甚至自己打印了表格，动员同学们加入他的组织。同学们认为他可怕，不愿接近他；老师认为他怪，也尽量回避他；校长明确要求我注意他的动向，别给学校惹出麻烦。

由于先入为主的成见，我从思想上不愿接受他，甚至告诫同学们别受他的影响。这样维持了3个月后，期中考试他的成绩迅速下滑，按照学校规定他应该调回到普通班。面对其他几位都比我年轻、面露难色的班主任，我不忍心再把这“包袱”甩给她们，于是我主动申请，经校长批准，作为特例我把他留了下来。也就是从这时候开始，我认真思考了自己对于这个学生的教育思路。我意识到，他的学习成绩之所以下降，与我对他不冷不热的“维持”有关。我对他的关心与督促不够，同学们给予他的热情与交往也不多，使他有一种在这个班里“灰溜溜”的感觉。经过反思后，我重新制定了对他“因势利导，坦诚相待”的原则，引导其扬长避短，步入正常的人生轨道。大道理、空洞的说教对学生不起作用，对高中生更不起作用，对他就只能起反作用了。我首先分析了他的优势：聪明、知识面广，有较强的表现欲，不避讳谈自己的观点，对我有着起码的尊重甚至是敬畏，对我的哲学课十分感兴趣，等等。这就为我与他之间的沟通开辟了一条很好的通道。

让我始料不及的是，他先给我来了个“下马威”，当面质问我“凭什么相信马克思主义？”。我回答他：这个问题我可以回答你，但前提是你看过马克思的哪些书？你了解马克思都讲了些什么吗？他马上说：“我一本都没看过，也不想看。”那我就理直气壮地告诉他：既然你没看过马克思的书，对马克思一无所知，你就没有资格跟我讨论这个问题，如果需要我的答案，先去找两本书看，再跟我探讨信与不信！这第一个回合我完胜！接下来我做的是：一、安排和鼓励一些十分优秀的同学主动接近他、影响他。后来的事实证明这一步是正确的，他与后来考上清华、北大的几位优秀同学交上了朋友，受到许多正面的启发和影响，而且融入集体后再不显得那么孤独，跟同学们有了共同语言。二、不再回避他所关心的一些国家时政、社会热点问题，与他正面进行探讨，用我的知识和对问题的认识去影响他。尤其面对我们国家、社会中存在的一些负面、消极因素等，不唱高调，不文过饰非，而是承认现实、正视现实，帮助他从深度上去分析原因，尤其指出他看问题的肤浅与片面；从广度上去认识这是社会发展过程中不可回避的问题，而不是中国独有的；特别告诫他一味地关注社会弊端，产生和积蓄对国家、对社会不满情绪的危害性和危险性。“亲其师，信其道”，最终他心服口服。三、充分利用他感兴趣的哲学课，引导他全面地、一分为二地分析问题，用联系的、发展的观点来解开他心中的一些疑惑。高二哲学课的课间十分钟，几乎被他一个人承包了，一下课他就会拿着题来问我。他有一个最大的优点：只要把他说服了，他想明白了，就会欣然接受，所以与我的交流往往是“以理服人”的最好实践结果。对这个学生，我没有过责备和训斥，有的只是关心、爱护和交流。他逐渐变得不那么固执了，越来越能接受我的观点了，高二以后表示愿意跟着我学文科。进文科班后，几乎天天追着我问一些哲学问题，我给他掰开了揉碎了地讲解、分析，尤其遇到与现实生活关系密切的问题，更是要讲深、说透，每一次与我探讨或向我请教一个问题后，他都要十分虔诚地说一声“谢谢老师”。对外经贸大学的4年寒暑假他都要约上同学来看我，始终与我保持着联系。一个老师、同学甚至学校领导公认的“怪学生”，在我手里变得“顺溜”了、“正常”了，我最深的体会就是4个字——因势利导。对于个性较强、有一定特点的学生，万不可以有“非给他掰过来不可”的想法和企图，那样有可能老师和学生两败俱伤，而尊重个性、因势利导，用心、用脑、用功夫，任何孩子都是可以重塑的——反正我信！

征服案例8

老师做到心里有学生，眼里才会有学生，也才会从学生的一举一动中捕捉到许多不易察觉的信息，从而对症下药，并且一定会收到预期的效果。先说个小例子：在一个高一班里听课，60人左右的教室里学生们一个挨一个挤得满满的，中间位置上一个同学在咳嗽，明显感觉到他为了不影响其他同学听课和老师讲课，在尽力压抑着自己，我当时好心疼。下课了，我问陪同我听课的年轻班主任“你发现有个男生咳嗽了吗”，她以诧异的眼神和口吻回答“没有啊”。于是我提醒她：孩子们是住校生，病了，父母不在身边，作为班主任要多关心学生。并且教给她：“现在去问一下，是不是病了？吃药了吗？要多喝水……你想此刻学生感受到了来自班主任的温暖，心怀感激之情，他不是更听你的了吗！”事后在多次教师培训时我都提到了这件事，分析为什么我对学生咳嗽这样一件很平常的小事，那么敏感、那么重视，原因很简单，也很直接：我心里装着的是学生，是3个星期才能回一次家的未成年人！而班主任当时重点想着的不是为了听同行的一节地理课，我猜想她满脑子就是“有北京的专家听课，你们都给我好好表现、好好配合”，甚至她都有几分紧张，因此学生的咳嗽声都不曾听见。这本来算不上我征服学生的案例，仅以此告诉年轻的老师们，当你的心里有了学生，你在学生心中的位置也会提升，师生间心灵的互换与沟通，是你征服学生的底气之源。

征服案例9

“李丽，到我办公室拿毛巾擦擦手。”这是两个初三女生从厕所出来洗完手后遇上我，我很自然地提醒了她们一句。因为是冬天，我怕她们手皴了。没想到这句话引起了没被我叫到名字的那个女生的不满，在私下里跟同学嘀咕："哼，关老师不喜欢我，叫李丽去擦手，不叫我。"听到这话我的第一反应是"这个女生挺事儿的"，但因为她是后分到我们班的，我对她了解还不够，于是我主动找到她，向她解释"当时我的本意是让你们俩都去擦手，随口叫了李丽的名字，让你难过了，老师很抱歉"。说这话时是在校园里，我搂着她的肩膀一边走一边说的，没想到她十分高兴地向同学们炫耀："今天关老师找我谈话时搂着我了。"而且喜形于色。咦？这位同学的敏感引起了我的注意，潜意识中她似乎在渴望着什么。（学生的言行激发了我对她敏感性的探究。）

不久，我邀请学生们到我家里玩儿。由于我是老三届，在山西插队多年，1991年才返回北京，借住哥哥的房子，所以居住环境十分简陋，水泥地面，旧家具，连沙发都没有，孩子们来了都坐在床边。我有意识地和这位"敏感"的女孩儿挨坐在一起，手下意识地抚摸着她的腿。一离开我家，她又一次喜形于色地问同学们："你们看到了吗？关老师说话时老摸着我。"兴奋之情溢于言表。反馈到我这儿以后，我意识到她在渴望一种关注，一种关爱，一种亲情。同学们也反映她的爸爸妈妈对她似乎不够好。这引起了我的疑惑，她也是独生子女啊！于是我决定去她家进行家访。她听到我这个决定，整整一天都处在兴奋之中，一直到下午下班后，她骑自行车陪我前往她家。路上她的一番话让我至今记忆犹新："关老师，您到我们家要有个心理准备，我们家装修得特别豪华，但没有温暖；我特愿意去您家，您家虽然简陋，但特温馨。"孩子的一番话让我心中隐隐作痛。到她家一看，果然如孩子所说，装修十分豪华，在当时来说绝对是高档次的。妈妈一看就是个直爽干练的家庭主妇，谈话中说到对孩子的管教，她不无得意地表示：她自己很小就失去父母，她是家里的老大，弟弟妹妹都是她一手拉扯大，一手培养出来的，形成了十分严厉的管教方法和手段，很有权威性，在孩子面前绝对说一不二。她还举例说明："饭桌上孩子一念叨今天班里或者学校里发生的事，我就会命令她住嘴，吃饭就是吃饭，没人愿听你们那些破事！"甚至对这唯一的女儿还施用打、骂、拧的管教手段，真是不可思议。而更令人费解的是，她的军人父亲，一脸严肃地向我"控诉"自己女儿的不懂事："她姨家有个小弟弟，每次来我只要和孩子亲热，或抱一抱，或亲亲脸蛋儿，她就会不高兴，把孩子抢到自己的房间，对人家孩子乱发脾气。"这位糊涂的父亲怎么就不明白您女儿这种举动的潜台词呢？显然她是在嫉妒，她所渴望的父爱您无私地送给了小表弟，而对她却只是一味地苛求，她很自然地就产生了"爸爸不喜欢我，因为我是女孩儿"的想法，这能怪孩子吗？当我剖析了孩子的心理后，她妈妈回忆说："怪不得，家里有一只大绒毛玩具猴子，我有时看电视就抱一抱，拍一拍，她立即给抢过去扔到一边。"也就在此时，我完全理解了她为什么那么在意老师搂一搂她的肩膀，拍一拍她的腿，因为从小到大，严厉的母亲、刻板的父亲给予她的关爱相对少了一些，或者说爱的方式有缺憾，使得孩子已经产生了"没有温暖""不被喜欢"的心理障碍，而又长时间憋在心里，无处诉说。这次家访对她的父母有所触动，尤其是母亲十分坦率地承认过去忽略了孩子的内心感受，以后一定会加以改进。没过几天，这个女生十分欣喜地向年级组长、语文陆老师说："您看我最近胖了吗？我妈给我订牛奶了，昨天还给我买了草莓。”陆老师转告我后，我知道她还会把这“喜讯”亲自来向我报告的。果然不出所料，没过两节课，她就喜滋滋地把那一番话向我重复了一遍。我心中酸酸的，孩子多么容易满足啊，对于20世纪90年代的独生子女来说，一袋奶、一盒草莓又算得了什么，可以说孩子并不缺这口吃的，她的家庭也不缺这份钱，孩子欣喜的是爸爸妈妈终于听到了自己的心声，了解了自己的想法，给予了自己渴望得到的爱。

其实在这以前已经听到同学及老师反映这个女生“挺事儿的”，甚至叫她“事儿妈”，更多的是不喜欢。而正是她的“事儿”引起了我的格外关注，激发了我的征服欲，我成功了！

用心去发现孩子的“软肋”，找到对症下药的切入口，是让学生折服的有效策略。多年来我始终秉持一个观念：老师跟学生要斗智，而不要斗勇、斗狠！用老师的智慧征服学生可以一举三得：一是学生会服气；二是可以增强师生间的融洽度；三是老师用脑子、用心代替了生气，消除了烦恼，多好啊！可是如果咱们控制不了自己的情绪，跟学生斗勇、斗狠，妄图用老师的地位和威严震慑学生，也许会产生一时的短暂效果——学生怕了、低头了、服软了，但学生心中不服，积攒了更多的怨气和怒气，结果很有可能是师生两败俱伤。

征服案例10

我曾经两次抓住了一个学校决定开除的学生的软肋，硬是把他拽回了正常轨道，顺利完成了学业，成年后工作、入党，是我教育生涯中值得骄傲的成功案例。

李中是军人的儿子，父亲职务级别高，挺大岁数才有了这个儿子。母亲也曾是军人，生李中时也30多岁了。在当时来说，他家生活条件的优越是不言而喻的。母亲有着太多的呵护甚至是溺爱，父亲有着军人式的严厉，但过问孩子并不多，再加上当时他家居住地处在城乡交界处，周围环境很差，他从小接触到一些不学习、打架斗殴的孩子，所以染上了一身的恶习。李中考入中学后，我是他的班主任。通过家访，我对他有了一个初步的印象：家庭环境不错，父母文化层次较高，孩子本身智商不低，家长对孩子的期望值较高，但教育、影响等诸多因素使得他行为习惯极差，一般学生所犯的不努力学习、违反纪律等错误在他身上是家常便饭，而尤为突出的是他的蛮横、无理、霸道和目中无人，经常挂在嘴边的都是狂言。一次地理课上他不做笔记，年轻的女老师仅仅是看了他一眼，他立即当着全班同学的面吼了一嗓子：“看什么看？”他父亲被老师请到学校来，正好被他从教室窗户上看见，他极为不满，当即对着他父亲的背影说：“他不想活了！”对于李中，老师们都不爱理他，同学们都不敢惹他，而我每天一项重要的工作就是与他“战斗”——一面纠正他的不良行为，一面摸索着“治本”的办法。

一次偶然的事件让我看到了李中的软肋——外强中干。一天上课时，教室房顶上掉下了一块厚厚的墙皮，正好落在李中的座位旁边，他大惊失色，瞬间跳出了一米多远，表现出十分的恐惧。老师和同学们并没有感到有多么异常，很自然地分别拿起笤帚、簸箕清扫地上的灰渣，准备继续上课，但他却心有余悸，说什么也不肯坐到原座位上。见此情景，我开玩笑说："李中，我以为你多厉害呢，闹半天就这胆量啊！"没想到他随口答道："您不知道，其实我胆儿特小。"通过这件事，我又重新分析和认识了李中：他本质上并无大问题，学习也没有完全放弃，写一笔工工整整的好字，家长对于学校的教育也给予尽可能的配合。对于他的蛮横，无论老师、同学还是家长都采取了谦让、宽容甚至是迁就的态度，无形中纵容了他，使他有恃无恐。但是，我知道他其实把霸气都用在嘴巴上了，内心并无多大的能量，说白了就是"外强中干"。就此，我下决心碰碰这"硬碴"。

机会很快来了，一天自习课上，有的同学随便说话，而这时候的李中正在写作业，他嫌教室里乱，嫌别人影响他了，火气立即冲上了脑门，而且丝毫不加克制，到教室门后抓起一把小笤帚头儿，随着一嗓子"别说了！"向正在说话的路超扔了过去。虽然由于躲闪得快没被伤着，但路超找到了我。作为班主任，我不能再容忍他这种霸道。可是当我找他谈话时，他仍旧理直气壮地冲我嚷着："谁让他老说话的，活该！"我让他坐下来，首先亮明我的观点：自习课应该安静学习，说话确实不对，你想制止，本意是好的。但是我又话锋一转，问道：应该用什么办法制止这种随便说话的现象？你上课随便说话的概率并不比别的同学低，可是又有谁用这样野蛮的方法对待你了？你维持课堂秩序应该说是在做好事，用暴力手段伤害同学却把好事变成了坏事。经过一番掰开了揉碎了的分析、劝说，他总算承认自己有错了，于是我进而提出了一个让他始料不及的要求：给路超赔礼道歉。这下他可不干了，居然洋洋得意地说："我从小长这么大就没给人道过歉！"面对他的无理坚持，我也拿定主意：绝不让步！"你错没错？"我问。"错了！"他答。"既然承认错了，就应该用行动来表示。""不行！

我丢不起那人！”“一个男子汉，敢做不敢当才真正丢人！”我的口气比他还强硬。“那让他也拿笤帚打我一下，就算扯平了。”“你以为别人也像你一样，那么野蛮，那么不文明呀？”他还是死扛着，不肯迈出对他来说太艰难的一步。僵持了几分钟，我起身往外走，并告诉他：“好，我现在就去教室，告诉同学们，李中已经承认错误了，就是没有男子汉的勇气来认错。”还没等我说完，他就十分着急地嚷开了：“您别！我给他道歉还不行，但我就对路超一个人说，我不去教室！”我心中窃喜：我的目的已经达到了。于是我假装顺水推舟：“行，这一次就给你留面子，我把路超找来，你就在办公室给他赔礼道歉，但以后再这么蛮横无理，我可就没这么宽容了啊！”随后我叫出路超，教给他：“李中今天表现就算不错，主动提出来向你道歉，你也要表现出你的宽容和大度。”李中在对路超说完“今天我拿笤帚扔你不对，对不起啊”这句话后，还不忘又补上一句“哼，这是我长这么大第一次给人道歉”，以此来为自己找回一点颜面。但我也没让他这句话掉到地上，而是马上回敬了他一句：“不改改你的臭脾气，就怕今后光道歉都解决不了问题呢！”

和李中的这一次“较量”，我更清晰地意识到他毕竟只是一个14岁的孩子，可塑性很强，关键在于塑造的手法要对路，要找准他的穴位，对症下药。比如在学习方面，我摸清了他的脉络：他还没有放弃学习，家长肯花时间、花精力与学校配合，而且目标十分明确——一定要考上高中。于是我就接受他妈妈的请求，帮助他找家教，把课堂上的知识以开小灶的方式进行强化，数学、物理、英语等几门主科先后都请一线教师给他补课，使得他的学习成绩还不至于太差，能跟着班级正常的教学进度走。

尽管上学、写作业、补课等一系列学习活动占用了他的大部分时间，但是由于积习难改和交友不善，李中一天到晚依旧是惹事不断，旷课、打架、顶撞老师，直至有一天被派出所传讯，据他自己说是别人盗窃给他花了5元钱，事后他还吓得够呛。鉴于李中的一贯表现，学校决定给他开除校籍、留校察看处分（虽然还是义务教育阶段，但当时还是可以实施这种处罚的）。当我从政教处取回处分表时，我的内心却产生了矛盾：一方面我真想狠狠地处分他，恨不得开除了他我才省心呢；可是另一方面我又怕他从此被推向反面，因破罐破摔而完全毁掉了这个孩子。经过一番思想斗争，我决意再给他一次机会：找到学校领导，请求暂时不给他这个处分，处分表拿在我手里，先不让他填，告诉他是暂时替他保存，看他下一步的表现。我当着他的面把处分表压在我办公桌的玻璃板下面，让这个处分像一把尚方宝剑一样悬在他头上，起到一个督促他改过自新的作用。同时我又建议他的家长带他去看一下心理医生，当时的心理医生还很少，最后选中了一家心理诊所。那是一个炎热的夏天，气温在35度左右，中午下课后，李中由他妈妈骑车带着，我也骑车陪同，大约骑了40分钟才到，晒得满脸通红，热得汗流浃背。进到诊室，面对心理医生，我莫名其妙地提出了一个问题：“我们一个是妈妈，一个是老师，您看一下我俩谁是母亲？谁是老师？”心理医生左右端详了一会儿，笃定地说：“您是妈妈，那位是老师！”当心理医生把我错指为李中的母亲时，我在一瞬间从他的眼神中捕捉到了他心理的变化，让我看到了事情的转机。果然，刚刚半个小时，他就不想聊了（当时的咨询费是一个小时100元），当李中从咨询室出来，他妈妈按时间付了50元钱后，他说了一句话让我至今难以忘怀：“老师，他说的还没您好呢，以后我就听您的！”紧接着转向他妈妈说：“让关老师上咱家休息去！”我正好下午没课了，也想借这机会趁热打铁，再教育教育他，于是就顺水推舟跟着到他家里。一进门，李中忙不迭地催促他妈妈：“快，给关老师做饭！冰箱里有虾吗？快拿出来！”然后，在家从不干活的他又是打水让我洗脸，又是收拾他的床让我躺下。吃饭间，我又苦口婆心地叮嘱了他一番，这时候的李中好像换了一个人，说什么都满口答应，还利用我休息的一会儿工夫，跑到外面的小摊儿上，花20元钱买了两件当时特别流行的、胸前印着图案的大白T恤，一件他自己穿，一件送给比他大一岁的我儿子（有意思的是，他自己那件图案是黑色骷髅，而给我儿子的图案却是规范的几何图形，说明他心里其实什么都明白）。就从这一天起，李中真的彻底转变了！

离中考还剩两个月，李中拼命学习，恶补落下的知识漏洞，居然还为自己的学习成绩着急上火了，成天盯着我反复问两句话：“您说我能考上高中吗？”“我上高中还有戏吗？”甚至急得直用脑袋撞墙。一方面由于他日常基本上并没有放弃学习，另一方面加上他最后一阶段的突击学习，中考后他还真被一所普通高中录取，虽然不理想，但毕竟也是他一番努力的成果，我和所有教过他的老师们都感到欣慰。

李中上高中以后，一个学期内两次跑到我家里来。第一次是满腹牢骚：“这是什么破学校啊！一点儿都不好，那些老师跟咱们初中老师没法比。”特别表达了对3年初中的怀念和对老师们的敬佩、感激之情——真是失去了才懂得珍惜。第二次来找我时，告诉我他现在的班级有多乱，同学们根本不听讲、不学习，还十分自豪地表示：“昨天男生差不多有一半都旷课了，我都没跟他们走，您看我现在够好的吧？”说老实话，李中的表现能到这份儿上，确实不容易。终于，李中的高中读不下去了，不完全是他自己的原因，而是学校的教学环境和学生中的风气让他实在接受不了，因为他毕竟在风气正、治学严谨的中学度过了3年初中生活，他总是在与现在的学校作比较。当他走上人生的正轨，有了学习的欲望时，他对环境、对老师的要求与期望值也就相应提高了。正巧警察学校招生，经过与父母协商，他决意退学重新参加考试，我利用业余时间为他突击补习高中政治，最终天遂人愿，李中考进了警校，成为一名人民警察，直至后来取得大学本科学历，成长为探长，成为中国共产党员。李中，这个昔日的顽劣少年，不仅仅长大成人了，而且从事的是打击犯罪、保一方平安的工作。他的这一转变过程，浸透着一位普通教师对一个所谓“后进生”的拳拳真情。通过对李中的教育过程的品味与反思，我更深切地体会到了，做一位有心、用心的老师，敏感地去发现、捕捉、抓住学生身上的“软肋”或者闪光点，以心换心，心的征服一定能够换来行为习惯的改变，进而改变一个孩子的一生！

最近，李中当时的同班同学晓晓从美国归来，那可是当时的学霸啊！来看望我时我们又聊起了李中，试想我那时候如果不把他留住，像甩包袱一样把他推出校门，这孩子的前途则不好预料啊！所以，我特别想告诫年轻的老师们，不要轻言放弃——不论是你的学生，还是你作为老师的这一份工作！

我总是反反复复强调：老师要心中有学生，心中有了学生你的眼里才会有学生，才会从细微处去体察孩子的内心，进而拉近老师与学生之间心的距离。

我上课时，发现一个大同矿区转来的学生脸色不对，很灰暗，不停在咳嗽，于是我带他到医院检查，查出肺结核，让他得到了及时治疗，也避免了在同学中的传染。当然我也承担了自己被传染的风险。

课堂上看到有同学捂着肚子，有不舒服的表情，我会边讲课边走到他身边，悄悄问一句：是生病了？还是想去厕所？

课间十分钟有同学趴在课桌上，告诉我有不舒服的感觉，我会用我的眼皮贴贴他的额头，判断他有没有发烧。

……

征服案例11

曾经有这样一个“熊孩子”，我说他是“熊孩子”一点都不冤枉他：第一，他就姓熊；第二，一个12岁初一小男孩，习惯极差，最大的问题就是随便、自由散漫，自我约束力差，没有一天不惹事的，全校闻名，教他的老师们伤透了脑筋。其实我不教他，甚至不是我们年级的学生。一次刚下语文课，班主任老师当着他的面向语文老师询问：“这节课他的表现怎么样？”语文老师回答：“挺好，这节课没惹事。”这学生心头一喜，想听到班主任老师的进一步肯定时，就听到班主任毫不留情地来了一句：“你把你那狐狸尾巴给我夹紧点儿啊！”多么可惜啊，就这么轻易地丢掉了一次激励孩子的机会。于是我接手了这个孩子。他明确跟我表示：“我表现好也没用，老师不会表扬我的！”他还反复强调：“挺好两个字又不是我自己说的，是语文老师说的。”他的话给我一个突出的感觉，就是他特别看重“挺好”这个评价，这本是个应该被抓住的闪光点，而这位班主任却表示“从你身上我实在找不出一条优点来”，连学生想好、想进步、想听表扬这最起码的自尊都没有发现。我第一次带他走到学校心理辅导室门口时，他不愿意进去，理由是怕同学们看见说他心理有病（自尊也是软肋）。好不容易被我说服进去了，没聊上几句，门外有人敲门，他以极敏捷的动作快速躲到了屏风后面。我认为，他的这一心理活动和表现，恰恰反映出了他的自尊心没有泯灭，这既是他的闪光点，也是他的“软肋”，而这正是一个孩子转化的基点。针对他的这种心理，我及时表扬了他，他也马上做出回应，表示愿意听我的话，并且每天到心理辅导室，来找我汇报一天的表现，而且老师们都反映，他确实有收敛、有进步。还是这个学生，在一节音乐课上又让老师非常生气：我们的音乐课在阶梯教室上，能容纳150人左右的阶梯教室，一个教学班上课只坐前面的三四排就够了，后面多排椅子都空着。这一天上课时，老师让后排同学去把门打开，老师话音刚落，马上有几个热心又好动的孩子站起来，抢着去开门。这时候，坐在中间位置上的他迅速蹿上座位，踩着一排排椅子，第一个冲到门口把门打开了，他正在得意于自己的“快”时，招来了老师劈头盖脸一顿批评。我想，如果就这件事，老师分两步来处理——先表扬他争着为集体做事，给予肯定；再指出踩椅子是破坏公物，把好事变成了坏事——从道理上让他明辨是与非、对与错，也许效果会更好一些呢！就这么一个每天在学校被训斥，在家里常挨打，油盐不进、软硬不吃的“熊孩子”，到我手里就顺溜了！

其实，没有一个孩子不想好，没有一个孩子不爱听表扬，父母和老师不了解孩子的内心需求，一厢情愿、居高临下，用自己的固有思维去要求或改变一个孩子，真的不会如你所愿！

前两个案例说的是抓住学生的**软肋**，下面这一个案例是说老师要善于发现学生身上的**闪光点**，并放大它。

过完67岁生日，考虑到体力、精力有限，下决心不再接个别孩子的心理辅导工作，虽然是义务的，但一旦接手我就会全身心地投入，真的很累，最主要是累心。

很快，我就违背了自己的意愿，食言了。

征服案例12

我曾经的学生，现在某中学当数学教师、班主任，给我发来一条微信：关老师，我们班有个家长看了您好几本书了，想要您的联系方式，我可以把您的微信给她吗？这个孩子刚刚分到我的班，还没怎么接触，不过确实很叛逆。稍有犹豫，想到是我学生的学生，就当帮她一把吧，我答应了，从此又走上了一个战场，至今硝烟未散。虽说是自找苦吃，但也乐此不疲。

下面是我的个案记录。

初见家长

我又一次深刻体会了“可怜天下父母心”！

凭心而论，虽然很快和家长建立了微信联系，但我并没有着急了解情况，一来那段时间确实太忙，二来接的本身就有点勉强。让我没有想到的是，这位妈妈几乎每天都在给我发微信，那种既忐忑又急切，自言即将崩溃的焦虑心情触动了我，令我不能再推脱，于是有了与这对父母的第一次见面，了解了家庭及孩子的基本状况，以及问题的严重性。

孩子的基本情况 小Y，14岁，刚升入初三。据说初二时还是学习委员，成绩不错，因为一次与老师的纠纷，性情大变，不学习，自甘堕落，滥交朋友，旷课，夜不归宿……

家长的基本情况 父母来自农村，文化程度不高，父亲当兵出身，在北京做企业小有成就，只管挣钱；母亲基本就是全职太太，负责孩子的教育。很典型的男主外女主内的家庭模式。

我的分析 1. 典型的青春期问题孩子，叛逆程度相对严重；2. 问题的成因不幸被我言中，我在《9节课，教你读懂孩子》一书中曾分析过，孩子青春期逆反严重一般出自三种家庭：一是重压型；二是溺爱型；三是缺失型（缺少父亲的教育）。小Y的家庭占了两种：妈妈溺爱，由于经济条件允许，百依百顺；爸爸只顾挣钱满足妻儿的需求，漠视儿子成长中的点滴变化。3. 孩子14岁，初三，正走在人生的十字路口，及时纠偏还来得及。4. 爸爸妈妈在我的指导下，认识到了"在孩子教育问题上，欠账是一定要还的，而且欠的越多付出的努力是要加倍的"，并下定决心无论付出多大的代价，也要配合我把孩子引到正路上来。

跟孩子的第一次见面

第一印象：颓废！一米八四的大个子，本是个英俊少年，可是阴沉着脸，戴着口罩，头发乱蓬蓬，半卧在言几又书店的沙发里，跟周围的环境极不协调。上来先给我个下马威，说“我妈没告诉您吗，我现在就是抽烟喝酒打群架”，一副要把我吓回去的架势——这反而激发了我的征服欲。几个回合下来，我的**第二印象：一个装腔作势的小屁孩**！幼稚到没头脑的程度，完全是在虚张声势。在面对面的交流中，我捕捉到了他内心深处的单纯与善良（闪光点），尤其在他离开时，我把我的新书《9节课，教你读懂孩子》让他转送给他妈妈，他双手接过，并鞠躬致谢，尤其是后面的一个小插曲让我对这孩子的好感与信心陡然升温。一会儿工夫，他等在外面的妈妈回来把书还给我，表示已经买了，不要再浪费一本了，我收回书没有3分钟，他妈妈急匆匆跑回来说：小Y说这本书是关老师签字的，他希望留下。这是一个极好的信号——他接受我了（再次闪光，增强了我征服他的信心）！我的**第三印象：孩子不复杂，也不坏，本质是好的。**

我尽力，家长配合，假以时日，我相信孩子能回来。

下面是我攻心战的开始，让他妈妈转给他的一条微信：

> 小Y，好孩子。今天你能来见我，并且给了我一个小时时间和你面对面交流，我心存感激，谢谢你。孩子，回来后我心情久久不能平静，不但不觉得你可恨可气，反而很心疼你，心疼你的幼稚，心疼你对自我的迷失，心疼你忘记了自己的年龄，更忘记了自己还是个未成年人。但是我今天看到的是虽然用盔甲包裹着自己，但掩盖不住你本质的善良，你努力做出来的冷漠，在听到我手术时学生抱抱我，眼神明显变柔软了，另外，一个小时内我听到了你3次笑声、5次谢谢，尤其让妈妈把我签名的书收下，让我欣慰，说明你内心已经接受我了。今天我很有成就感，再一次

谢谢你!

我给家长出招儿:

鉴于他泡夜店、花钱大手大脚、交友不良的主要症状，我建议家长:1. 钱袋收紧，在经济上适当控制;2. 暗中跟踪，掌握他的行踪;3. 找到纠缠他、对他影响最大最坏的那个女孩子(也是学生，但纹身、抽烟、夜不归宿)，从根儿上断开。

值得庆幸的是，家长十分配合。(略)

稍有效果，孩子重新走进教室了，虽然还不肯学习。我指导他的班主任(我曾经的学生)采取一些温暖他的措施，老师回复我:“现在我找了班里几个打球和学习都不错的孩子，让他们平常不管打球还是讨论题目，都带着他。”

由于有外力的不断勾引，出现了反复，他以身体不舒服为借口，赖在家里不去上学，目的是晚上再去夜店。我以探病为由去到他家里(这可绝对是分外事，因为我既不是他老师，更不是他班主任，没有家访的义务，何况我已年近七旬)，由于他已经打定出去的主意，故意找茬，闹翻脸后好借机出走，这是他一贯的伎俩。

离开他家后，给他发了一条微信:

> 小Y，我的心在流泪。24岁站上讲台，至今43年，每一个孩子都牵着我的心，在我心里就没有坏孩子的概念，但是像你今天这样态度对待我的，确实是绝无仅有，虽然有挫败感，但我绝不认输!因为你身上点滴的闪光点我都能捕捉到，尤其最后你跟我说再见时，在抬起身子、冲我点头的那一瞬间，我又看到了你眼

神中的善良。孩子，我绝不放弃你！

由于14年来都是在妈妈的百依百顺中成长，从来也没感受过父亲的威严，再加上我已经意识到了这孩子的外强中干，胆子不大，所以建议今天父亲出马，以强硬的态度和手段阻止他。效果出乎预料的好，他第一次败下阵来，没再继续闹腾。

下面是我有事要离开北京几天，给他留的言：

小Y，这是我星期六去山西大同的火车票，走3天，不太放心你，跟你说说我去干什么。

我曾经的学生的女儿，初二，厌学，离家出走，整天在外面混，她家长做了一个非常错误的决定，把孩子送进了北京回龙观医院，那是一家著名的精神病医院，住了49天，现在回到家情况更糟了。她们怕我担心，怕我累，一直瞒着我，教师节那天才被我问出实情，我当机立断买车票去大同，尽我最大努力去挽救这个孩子。小Y，我特别感慨的是，你的爸爸妈妈对你负责任，不放弃，我这个学生把孩子送进精神病院，说起来是为治病，实际上是一种放弃的态度，我很生气。所以尽管腰疼，尽管最近很累，我还是要跑这一趟。小Y，希望我下周一回来时，看到一个身体、精神状态都在好转的你。

这是他妈妈向我倾诉心中的苦闷后，我写给他的：

小Y，知道你已3天走进学校，我很高兴，按道理说你处于学龄阶段，还是未成年人，上学是最正常不过的事情，可是对于今天的你，却还得算是个进步。但我没想到的是，你妈妈哭诉她要崩溃了，身体出现了不适，说她那么爱的儿子每天都在折磨她，她快承受不住了。你爸爸跟我说得最多的一句话就是：我的儿子我了解，他是个内心特别善良的孩子。为什么对最爱你的亲人，我怎么反而看不出你的善良呢？你这么折腾，其实就是在折磨你妈，她的无助、心碎，让我心疼，甚至觉得她可怜，本来应该幸福的三口之家，都在煎熬中，你愿意过这样的生活吗？小Y，你们全家的幸福就掌握在你一个人的手中啊！醒醒吧，孩子！

中秋节的温馨提示：

小Y，马上就到中秋节了，中秋节是中国人传统的阖家团圆节，在此，关老师希望你陪着你最亲的爸爸妈妈过一个和睦温馨幸福的节日，为他们最近一段的辛苦焦虑送上你，一个儿子的慰藉。能答应我吗？

继续攻心：

小Y，知道你最近在改变，在进步，我又想起了你爸爸总在念叨的：我知道我儿子内心特善良，本质一点也不坏。其实不用他说，我是研究心理学的，看人还是很准的，从第一次见你，我就认准了你是个好孩子，一个人的基本素质是装不出来的，你的一些叛逆并不真实，你是在伪装自己，这也是我愿意帮你的主要原因。你曾经说你们家的事不用我管，我根本不觉得我是在管你们家的事，我只是看不得一个本质很好的孩子把路走歪了，这是我的职业本能，舍不得放弃你。你也许会想，这么多孩子您管得过来吗？是呀，有太多太多的家长向我求助，我不可能都管，但你小Y让我遇到了，我就会为你尽心尽力尽到我的责任，起码不让自己后悔。小Y，我真的看好你！

最近家长跟我联系得少了，看来初有成效。但是他明确表示不想考大学了，想轻轻松松读个职高，这又是受了正在读职高的朋友的影响。我不能直截了当地指责或阻止他的想法，而是给他父亲发了一条微信（当然要转给他儿子看），旁敲侧击，再看效果。

国庆收到一位学生的结婚请柬，让我感慨万千。这是一个初中时学习很差的学生，但是现在不但有大学学历，而且留学美国归来，这全得益于他有一位活得明白的父亲。这位父亲最早就是一个在北京打工的包工头，后来事业做大，成为一个企业家。他对一儿一女的忠告是：我没什么文化，今天之所以有点成就是因为正好赶上了国家刚刚改革开放的机会，这样的机会你们这一代人不会有了，如果我让你们读到初中毕业，今后你们的朋友圈，你们周围的人就都是初中毕业的，你们读了高中，你们的朋友也就都是高中的，同样道理，你们有大学学历，甚至读了研究生，那你们周围就会是高层次的人才，“物以类聚，人以群分”永远是真理。这位父亲本着这样的培养目标，采取各种措施，想尽一切办法，让两个孩子学习，两个孩子都考上了大学，又都出国留学，现在成为让人羡慕的白领阶层。

婚礼现场看到学生他名校毕业的漂亮新娘，看到满场嘉宾的不凡气质，给我敬酒时，我说了两句话：第一感谢你有一位有眼光的爸爸，第二没有高学历和高学识，就没有你今天的春风得意！因为我是他初中三年的班主任，他一个劲儿地谢我，我说：你还是谢谢自己坚持学下来了，没有半途而废，付出必有回报！

就这样跟踪了几个月时间，让我能够感受到的效果是与那位带着他泡夜店的“社会姐”断了联系；重新走进了教室，决定参加中考。他的班主任说这孩子热爱集体，出手大方，听说班里需要篮球，他一下子买回4个扔进教室，供同学们玩（这也是闪光点哦）。

有一段时间家长不联系我了，也许他们对孩子每天背着书包走进学校上课已经满足了。我虽然认为还远远不够，还需要继续教育引导，但作为我来说，已经尽到我的义务了！

一个本来跟我没什么关系，我可管可不管的学生，不但接手了，而且为他付出了很多，说不累是假话，非常累心！但是一个孩子一旦走进我的心里，我就放不下了，这可能就是我性格特点中的“不服输”和“征服欲”！

我曾经为一次教师培训做过一个文案，题目是**《用爱的智慧点亮孩子的心灯，照亮他自己的路》**。多年的实践告诉我，老师们辛苦的投入和付出，很大一部分是在盯着学生的缺点、问题和此起彼伏、解决不完的事端，自己累得精疲力竭还收效不明显，实在是气难平、意难平！这也是很多老师不愿意当班主任的主要原因，用老师们的话说“有些学生软硬不吃、油盐不进，烂泥扶不上墙”。但是我始终不太认可这样的观点，我时刻提醒自己**“我的教育对象是未成年人，一定有可塑性”**，我们的**教育着力点**用的不是地方，做了很多费力不讨好的无用功，我总是强调要跟学生斗智，也就是用智慧，对学生**心**的征服，一定会有事半功倍的效果！

征服案例13

方京，刚进中学时看上去略显忧郁的一个小小的男孩子。开学时间不长，老师们就发现这孩子在学习上有很大的问题：上课听讲心不在焉，日常作业不能完成，随着教学进度的深入，他的成绩逐渐显现出越来越差的趋势，数学测验成绩不超过10分，基本上是个位数字，如果是5分制的小练习经常就是0分。老师们在万般无奈的情况下请来他的家长，求助于家长的配合，因为毕竟刚上初一，我们绝不会轻言放弃。可是没想到几乎想放弃孩子的却是泪流满面的母亲。方京的妈妈告诉老师，从小学五六年级起他就已经不肯学习了，不写作业，一考试就说身体不舒服，甚至觉得活着没意思，有轻生的念头，弄得老师和家长都不敢要求他，于是导致学习状态每况愈下，学习成绩越来越差，越差越没信心，越没信心也就越没兴趣，形成了恶性循环。面对这样一个学生，作为年级组长的我和班主任、任课老师统一了认识：刚刚12岁的孩子，有很强的可塑性，学习困难的主要原因不是智力因素，而在于主观上怕吃苦，不肯付出，用种种借口来原谅、宽容甚至是放纵自己。如果一味满足他的愿望，放松或者不管他，将会用他今天一时的快乐换来终身的遗憾。于是我和他的母亲谈，表达了老师们不放弃每一个学生的决心，分析了方京利用妈妈心软来达到偷懒的目的，教给他的妈妈具体怎样来配合老师要求和督促孩子。

不久后的一次数学单元测验，方京考了46分，数学老师发自内心的欣喜溢于言表，课上表扬，课下鼓励，还特别告诉我："方京现在上课听讲了，有两道很多同学都做错的题，他却做对了。”我在高兴之余想“该趁热打铁了”——再给他一次心灵的刺激。我找到方京，“太棒了，听数学老师说你的进步特别大，我真为你高兴！过去总让妈妈为咱们的学习成绩难过。来，今天咱们给妈妈报个喜讯——用关老师的手机给妈妈打个电话，让妈妈高兴一把！”方京扭捏着、推辞着：“不用了，我回家再说吧。”“那就不一样了，过去老师打电话找妈妈多是告状，今天电话打过去是报喜，给妈妈一个意外惊喜多好！”考虑到他不好意思用我的手机，我把他领到学校保卫室。电话通了，随着一声带着哭音的“妈，我这次数学考了46分”，眼泪就流下来了。听得出来，妈妈在电话的那一头也很激动，于是我接过电话，又汇报了一下详情，方京妈妈在高兴之余不忘对学校和老师千恩万谢。其实我对方京“心的刺激”就在这通话的一瞬间实现了。因为我十分清晰地感觉到了他略带颤抖哽咽的一句话中“46分”的分贝显然降低了，说明了他在刚刚产生的成就感中还夹杂着几分愧疚，因为46分毕竟不是很好的成绩，他自己心里也是十分明白的。也就从那时候起，方京的忧郁一扫而光，话多了，拿起乒乓球拍子和同学们一起玩，在他的脸上找到了自信，学习态度有了明显的改变。

初中毕业后很长时间没有联系，在学校，老师和学生基本就是“铁打的营盘流水的兵”嘛，虽然我当时记下了这一案例，但时间长了，又投入了新的“战斗”，也就把方京淡忘了。可是在学校的一次校庆活动时，一个大男孩冲进教室，一把抱住了我，那份亲切与激动立即感染了我，仔细看才发现是多年未见的方京！过去小男孩时的胆怯、木讷、扭捏荡然无存，已经长成一个阳光、健康的大小伙子！他感谢我对他的激励，我告诉他，其实是你自己的**“心灯”**亮了，你**内心的驱动力**才是你进步的根本原因，我只不过是个**“点灯人”**！

老师们，用咱们爱的智慧，点亮孩子的心灯，照亮他自己的路，教育需要更多的“点灯人”！

心中有学生，在人格上对学生的尊重，也是征服学生的重要一环（注：是重要一环，不是重要手段或方法，因为尊重学生不应该是刻意做出来的，应该是出于为师者的本心）。我在为青春期孩子做心理辅导时，他们就明确提出了他们对父母和老师的三个诉求，即**求关注、求理解、求尊重**。我坚持认为这三个诉求是合理的！

在讲台上站了30多年的我，始终保持着一个习惯，就是上课铃声响起，同学们起立，我一定会非常规范地站上讲台，用目光环视全班每一位学生，有站姿不规范的、低头干事的、眼睛没有注视我的，我的眼神会投射过去，有的同学意识到了赶紧纠正，有的自己没有发现老师的眼神警示，旁边的同学会提醒，直到我们师生都在对视了，我再鞠躬还礼，请同学们坐下，开始上课。我跟孩子们讲过：我，作为老师，十分恭敬地给你们鞠躬还礼，我在还的是你们给予我的“注目礼”，你们都不看我，我为什么要“还礼”？我这个“礼”又是还给谁的呢？我不能接受有些老师很随意地跟学生点个头就讲课的做法。表面看起来我上课开始耽误了一两分钟，实际上的效果：一是表达了我对学生的尊重；二是收回学生课间的玩儿心，规范了课前秩序；三是对学生的上课状态有个了解，而且学生们习惯了我的方法，很快就能安静下来进入学习状态。

征服案例14

这封信，是我无意间收到的，别人转交给我的一封学生来信。

敬爱的关老师：

您好！您一定不会猜到这封信是谁写给您的，也许会猜成是自己班里的某位学生。其实这封信就是坐在您所带的（1）班对门的那个教室里，一位您还算比较满意的学生刘勇写给您的。关老师，您与我相识到今天，已有两年了，我们在一起也度过了几百个充满快乐气氛的45分钟。每当上您的课时，我都感觉很轻松，对于知识的接受也很深刻很明朗。从您那慈祥的目光中我看出了您对学生的关心与爱护，当我遇到政治科目的难题向您请教时，您不仅以一名政治老师的身份，而且又带着几丝母亲般的温柔，耐心地为我解答，使我攻克了很多政治学科的难题。记得有一次上政治课前，我一边起立向您表示问候，一边翻开笔记本看一看上节所讲的内容，这时候您突然让大家把目光投向我，我以为自己的行为是对您的不尊敬，所以心里十分害怕，但万万没有想到您却表扬了我，使我心中无比激动，我发现了您为人的宽厚、正直，和对于学生的爱护。关老师您一定记得，您第二次把我和刘卓从游戏机厅拉出来时的情景。当时我的心火辣辣的，您对我们的期望那么高，而我却辜负了您的一片苦心，踏进了罪恶的“泥潭”。您与我第一次在游戏厅碰见时，您没有批评我，而是引导我走向正确的人生道路，可当我再次违背了诺言，在同样的地点、同样的时间，又同样与您相见时，当时我的心已不是怕您告诉我家长了，而是怕您从此对我失去了信心，因此从那以后我发誓：再也不进游戏厅的大门！关老师，您虽然身材并不很高，可是您那正直的思想、仁慈的心灵、渊博的知识却使您在我心目中变得如此高大。每当您踏上讲台时，我总要抬头仰望您，难道是由于我坐在第一排的原因吗？不！是您那用知识和情感筑起的高大身影把我的头牵引着，时刻不能低下。关老师，是您改变了我对政治这门科目的轻视，改变了我学习政治的态度，我将把您永远视为我政治学科的启蒙老师。关老师，我就要毕业了，希望您今后能够记得曾经教过一个名叫刘勇的学生。

此致

敬礼！

刘勇

当这封信转到我手里时，心里确实挺高兴、挺舒服的，虚荣心作祟嘛！不过，虽然得意并没有忘形，因为我知道这只不过是学生在作文课上完成的作业，他需要用各种经过修饰的语言来获取较高的分数，而且老师也确实给了较高的评价（40分满分他得了38分），事情过去了，我并没有放在心上。刘勇是一个不太善于表达感情的孩子，为了这封间接送到我手里的信，他找到了我，经过一番交谈所给予我的震撼，远远超出了这封信给予我的惊喜。他明确表示，这信中的每一个字都是一份真情实感，都是早就想对我说的话，平时总是鼓不起说的勇气。这次作文课上老师让同学们写信，大多数人是写给同学或朋友，甚至有同学感觉没的可写，干脆虚构一个收信人应付老师，而他却立即想到了我，借此机会把自己两年多的真实感受一股脑儿倾泻了出来，只是一种真情流露，甚至都没有想到给我看。

随后，我们在一起又回顾了他在信中描述的两件事：我记得很清楚，政治课作为副科是没有人重视的，一般上课铃声响过以后，同学们课桌上都堆着数学、英语等主科的书本或卷子，半天才能把思路拉回到我的课上来。那天班长喊起立后，刘勇站在课桌旁迅速地翻看课本和笔记，于是我请还站着的同学们把目光都投向了他，表扬他上课进入状态快。就这么一件小事，就这么一次微不足道的表扬，却在孩子心里留下了那么深的痕迹。这件事给予我的启示是：老师们要善于发现孩子们的闪光点，不要吝啬表扬，正面引导的效果有时是不可估量的。他信中提到的另一件“游戏厅”事件，我至今记忆犹新：那时候还没有今天这样火爆的网络游戏，但是刚刚兴起的电子游戏也着实吸引了不少的年轻人和孩子们，中学生们更是把许多时间都耗费在了游戏厅里。作为一个负责任的老师，我苦口婆心地劝诫我的学生不要进入那种污浊之地，可是效果甚微。一天中午，在一家游戏厅里，我发现了刘勇、刘卓两个学生，他俩学习很优秀，是老师们心目中的好孩子，虽然我只是他们的任课老师，既不是班主任，又不负责政教，完全可以“不在其位不谋其政”，但我还是进去把他俩叫了出来，并进行了一番教育和劝导。回到学校说起这件事，老师们提醒我：“你断了游戏厅老板的财路，小心人家报复你。”是有点后怕，但当时哪想得了那么多呀！令我气愤的是，没过一个星期，一天下午我又在同一个游戏厅里再一次见到了刘勇、刘卓，真让我怒不可遏！管？还是不管？我确实犹豫了一下，一旦老板干涉我该怎么办？但仅仅是一瞬间的犹豫，我想好了，有人阻拦我就说他们是我的孩子，我是家长，我是母亲，我有权力把我的孩子带走！就是这一次，深深打动了刘勇，不但引出了他给我的这一封信，更重要的是，直到初中毕业，他真的再也没有进游戏厅，而且考上了理想的重点高中。很多年过去了，刘勇的这封信我一直珍藏着，薄薄的3页稿纸已经有点破损了，那个红色的38分也有点暗淡了，但是它给予我的启示和激励却始终没有忘怀。

在我看来，它不是一封普普通通、简简单单的学生来信，而是给我传递了一个信息：学生不仅需要老师的真情呵护，而且懂得老师的良苦用心，记得老师的无私付出，即使他们口头上没有更多的表示，但心中的愧疚、感激早已经酝酿多时了，老师在对学生的教育教导中多一些不经意的尊重，而不是居高临下的训斥，效果会更好，你们相信吗？反正我信！

小结

我看到一种说法：作为老师，你眼里有学生，心里才会有学生。我个人观点：这话说反了，**应该是你心里有学生，眼里才会有学生，**才会从细微处捕捉到孩子们的闪光点，发现孩子们欲言又止的困惑，找到帮助孩子进步的切入点，珍惜有缘成为师生的这段美好时光。我看到了不少既有能力又负责任的老师，辛辛苦苦得不到学生的认可，老师满心的委屈和满腹的牢骚，学生或惧怕或反感，敬而远之。为什么会这样？我还真是认真思考了一下，得出的结论就是：**老师心中过于看重的是自己的成绩、威望与荣誉，校长的评价，学校的规章制度；而心中缺少的是“人”——学生、未成年的孩子、年龄与知识远逊于我们，但在人格上与我们平等的人**！我的这一番话也许会伤到一些同行而遭到反对，但是我目睹眼见了太多的真实事例，很为这些老师惋惜。例如：一位领导评价很高的高三老师，早上抓到了两个住校女生，比规定起床时间早起了10分钟，到水房用凉水洗了个头。老师怒不可遏，停课一天，让两个女生在办公室罚站一天，下午老师忙完了，开始批评教训时，用了明显带有侮辱性的语言，17岁的女孩子，怎么能接受这样的“教育”？于是提出退学。虽然经过家长、学校共同协调，事情解决了，但我想这位老师在学生心中的人设已经坍塌了。如果老师心中有学生，对学生多一些爱，结果不应该是这样！学生违反了学校纪律不可否认，批评教育无可厚非，但是如果老师能与学生共情，先了解一下她俩犯错的前因（跟我表述的是，天热，头痒，3个星期才能回一次家。我的理解女孩子爱美，也正常）；然后批评违纪的同时加上一份关爱（用凉水洗头一旦感冒了，得不偿失），孩子挨了批评也感受到了温暖；最不应该的是老师用羞辱性骂人的方式对待学生，侮辱了学生的人格，这是大错特错，绝对不允许的！可悲的是，这种错误的、伤害学生自尊的、降低自己在学生心中威望的所谓教育手法，时有发生！

我特别提醒老师们，心中有学生，要管理好自己的情绪，区分严格、严厉、厉害3个概念不同的用处和用法，在学生面前的歇斯底里，恰恰暴露了我们的无奈或无能！

用“情”感化学生——底气之需

用“情”去温暖和滋润还不够茁壮的小苗，他们并不是铁石心肠，心被捂热了，也会用真情来回应——这是我几十年教育生涯真真切切的感受。

成长为一个好班主任的基本条件——情商

什么是情商？在心理学家丹尼尔·戈尔曼的情商模式中，有五大要素：**自我意识、控制情绪、自我激励、认知他人情绪、处理相互关系。**它涵盖了**情绪、意志、认知能力、抗挫能力**等多种品质在里面。

而对于我们班主任而言，我们没有时间，也没有必要对情商进行理论上的深入了解和研究。我经过学习后，更愿意把它概括和提炼为极简单的两个字——**情**和**感**，注意不是连读“情感”，我把它分开解释，因为在“情商”概念中，这是两个不同的维度。情，即对自己情绪的认知和把控；感，对自己教育对象的感知和理解。因为我们每天面对的是人，是一个个鲜活的生命，更直接点说，我们每天在和人打交道，情商的高低直接影响甚至决定着我们工作的效果。在情商的诸多元素中，情、感因素是一个班主任的底气之需。经常听到老师们抱怨学生“油盐不进”“不懂好赖”，甚至“白眼狼”，于是委屈、愤怒、暴躁，甚至放弃、逃离。而在我看来恰恰需要咱们审视和提高作为老师的情商，管理和把控自己的情绪，走进学生的内心，感知和理解他们的喜怒哀乐，与学生共情，我相信孩子们的心会被捂热，孩子们的情会被激发，孩子们对咱们的爱会转化成进步的动力！用“情”征服孩子，是我屡战屡胜的杀手锏！

征服案例15

“周小南，你脖子怎么了？怎么会有伤痕？”周小南是我所带的高一重点班学生，长得白白净净，性格温文尔雅，举止文质彬彬，完全没有一般男孩子的顽劣或者粗野，所以在他的脖子上发现了几道明显的抓痕，让我心中一惊——担心他与别人打架了，甚至是受欺负了。“是被我爸爸打的。”“为什么打你？”“爸爸对我上高中以后的学习成绩不满意，尤其是这次期中考试在班里排在22名。”我愤怒了！对这位父亲产生了强烈的不满。因为据我了解，周小南的妈妈在国外学习刚刚回到孩子身边没多长时间，爸爸忙于自己的事业对孩子的了解与关照并不是很多，周小南凭借自己的努力考进这所中学重点班，应该说已经很出色了，怎么能为一次考试的分数就可以蛮横地对孩子使用武力，而且出手还那么重呢！除去气愤，我心中更多的是心疼。“还疼吗？”我动容地问。“没事了，老师，不要紧。”“下午放学等我一起走，我要去你家家访。”这是一次事先没有准备的家访，但目的很明确：协调孩子和家长之间的关系，帮助家长摒弃不正确的教育方法和教育手段。

学生放学后，忙完手头的工作已经快6点了，我陪着周小南骑车去他家。一路上我给他讲父亲望子成龙的心态，讲妈妈不在身边当爸爸的不容易，让他对父亲多一份理解与宽容。这时候我强烈感受到的是孩子的善良、大度、单纯，真的很可爱。到周小南家不一会儿，他的爸爸妈妈相继回来了。看到我突然来访，他们的第一反应是“孩子在学校犯什么错了，或者出什么事了”（家长的这种心理定式是长期以来把家访与告状联系在一起的结果）。我给家长吃了一颗定心丸，解除他们的疑惑：第一，作为班主任我要普遍走访每一个学生的家庭；第二，开学一段时间了，我应该向您汇报一下周小南的在校表现。于是我着重向家长介绍了周小南的踏实、自觉、文明、懂礼貌，有上进心、有集体荣誉感，是一个很让人省心的孩子。说到期中考试成绩，我特别强调了这是年级重点班的22名，也就相当于全年级的22名，应该说还是很不错的。话锋一转，我指向了他的父亲，对他打孩子的粗鲁行为提出了批评。看着周小南脖子上的伤痕，我心疼得难以自控，我哽咽了：“在今天，打孩子本身就不对，上高中的大孩子还打更是不对，而周小南更是一个不该挨打的孩子，你们有这样一个优秀、省心的孩子还不知足？我对您提出个请求：起码在我带他的这3年里，不允许您再对他使用武力。”我发自肺腑的一番话深深打动了他的父母，妈妈和小南的眼圈都红了，爸爸则连声保证：“以后再不打，您放心，再也不打了。”协调孩子与父母关系的目的达到了，纠正家长教育手段的目标也实现了，然后我又把话题转到了周小南的学习上，帮他分析可挖掘的潜力，制定下一步的学习目标，提出更具体的要求，进一步满足爸爸妈妈的期望，让他们为儿子的优秀而自豪。这次家访的效果是明显的。高中3年，爸爸兑现了自己的承诺，再也没有使用粗暴的教育手段；孩子努力学习，以相当不错的成绩考上了北京交通大学，我们之间也建立了深厚的师生情谊。

用心去观察学生是我的强项，学生在我面前的表情、动作、神态、衣着等稍有异常或者变化，孩子身体不舒服、家庭出现变故、心理产生偏差等等，都逃不过我的眼睛。我捕捉过许许多多学生的细微变化，进而发现还处在隐藏阶段的问题，而老师给予学生主动的问候与呵护，学生会倍感温暖，老师对学生的真情付出，学生都会铭记在心的。教师的高情商在教育和管理学生的工作中会产生不可低估的影响。最最关键的是老师要用心啊！

征服案例16

就在最近，一星期前，正在化疗期间的血检结果不太好，肿瘤标志物又升高了。心情不好，情绪低落，为了调整自己的状态，我毅然买了去山西大同的高铁票，一个人直奔大同——我的第二故乡（我17岁插队在此，生活了23年），更重要的是，那里有我心心惦念的、曾经的学生们，我知道他们爱我！

果然，愉快的6天，治愈了我的沮丧、忧郁与悲观，尽管没有太声张，还是见了3届曾经的学生，他们最大的已经61岁（我24岁站上讲台带的第一届学生，仅比我小12岁），陪伴、开导、鼓励，尤其是相约再见，让我一扫心头的阴霾，有了战胜疾病的意愿和勇气。要不是又该进行下一个阶段的靶向治疗了，我都不想回来！

这6天一直陪伴我的一个学生，叫付强。我曾经在我的公众号写过我们师生间的故事，题目是“咱们是娘儿俩”。

咱们是娘儿俩

两张照片，能看出是同一个人吧？中间相隔25年，当年刚入伍的新兵俨然成了一位中年男人，而我也已经是白发苍苍的老太太。（这篇文章发在我的公众号《照片故事》文集里。）

这是我的学生付强。当有了写《照片故事》的构思后，第一个想到的就是我俩胜似母子的师生情，而在拟定文章题目时，又很自然地想到了他常挂在嘴边上的一句话“咱们娘儿俩”。我时常感慨，我何德何能，收获了那么多学生的爱戴与尊敬？我做了什么，让孩子们给予我那么厚重的回报？作为一个老师的**幸福感**为什么在我这儿是如此强烈？就从我与付强之间的故事说起吧。

那是1990年，校长指派我接一个所谓的“乱班”。何谓“乱班”？无非是班风不好、课堂秩序混乱、学习成绩差，任课老师个个挠头，班主任抱怨“我命不好，摊上这么个差班”。在这种情境下让我接手这个班的班主任工作，说心里话，我没那么高觉悟，所以并不情愿。但那个年代工作上哪有挑肥拣瘦的权利？于是我不但接了，而且性格中的“征服欲”油然而生——要不不干，干就要干成最好的！

“不服输”是我一辈子的信念，我就把我的这个信念输送到初二4班每一个学生的心里，让他们自问自答：我们怎么了？我们凭什么让别人看不起？我们就甘拜下风吗？然后告诉孩子们：“关老师带出来的班，从来都是优秀班集体，你们想让关老师败在你们手里吗？”瞬间，孩子们纯真的眼神里就迸发出了激情，那种向好、向善、向上的欲望被激发出来了。心气儿变了，行动立即发生了反转，一盘散沙变成了有凝聚力的集体，在全年级7个班级中显露出了优势与锋芒：歌咏比赛第一名，孩子们的努力让我

感动；足球赛没有拿上冠军小伙子们号啕大哭，表达了对集体荣誉的强烈渴望；原来全班只有一名三好生，到期末全班49人，有24名同学达到了三好生的标准，创造了学校绝无仅有的奇迹；主题班会《我们的集体好》，我用当时流行的一首军队歌曲《我们的连队好》的曲谱，重新填词，大家高唱着“我们的集体好”，每人讲一个班级中的小故事，越讲，同学们越热爱自已这个曾经被人鄙视的班集体，集体凝聚力高涨，优秀班集体的称号非初二4班莫属！

我和同学们的共同目标实现了，就得专门说一说“我们娘儿俩”——我和付强的渊源了。

“关老师您好，估计您现在已平安到家了吧，一路顺利吗？看到您非常高兴！去南果园偷苹果您去赎我们，评为进步生，和付强升国旗历历在目。祝您的晚年生活老有所为，身体健康，开心每一天！”这是前不久与学生们团聚后，回到北京收到的另一位学生周炯刚的微信，我要讲的就是这两个孩子28年前担任升旗手的故事。

每周一升旗是所有中小学的惯例，轮到哪个班级承担升旗任务，从班主任到每一个同学都会十分重视，而担任升旗手那可就被视为至高无上的荣誉了，这个荣誉往往都是班里的学生干部、三好生才有机会取得，一般同学都没有这样的奢望，学习偏差的同学更是不曾幻想。可是当轮到我们初二4班升旗时，我经过认真思考，决定另辟蹊径，抓住这一难得的契机，给孩子们一个强

刺激。于是我精心挑选了学习偏差，自我约束力不强，有正义感，刚有进步苗头的3个“浑小子”来负责升旗：旗手——杨景河，护旗——付强、周炯刚。我的这个决定对这三个孩子来说是莫大的殊荣，对全班同学来说是个很好的激励。我进行战前动员时告诉大家：显示我们初二4班真正风采的时候到了！3位升旗手洗干净校服，我为他们准备了白手套，陪伴他们练习正步走，他们的喜悦、忐忑、紧张，我都一一看在了眼里，而平时那种自由散漫、吊儿郎当劲儿一扫而光。升旗仪式结束后，付强告诉我“紧张得手都哆嗦，生怕出差错给班级丢脸”。孩子们的集体荣誉感、积极上进的意识，又一次增强了！以后3个孩子不约而同地都参军入伍，都是部队的优秀士兵，现在又都是大企业的中层领导，工作岗位的顶梁柱。是巧合？是幸运？不！在我看来，他们从小就是亟待修整的一些好苗子，在我的引领下走上了正轨。付强在当兵后专程到北京看我，告诉我：这一辈子只升过这一次旗，对我后来的成长影响太大了，我会终生不忘——这就是第一张照片的来历。

由于我是北京知青，后来回到了北京，跟孩子们自此分离，这一别就是24年。

2015年4月的一天，接到一个陌生的来电，一位男士问：“您是关老师吗？”得到肯定的答复后，对方哽咽了：“我是付强啊，您还记得我吗？可找到您啦！”一个三十七八岁的大男人，激动得不能自已，告诉我，同学们聚会时聊起了曾经的老师们，大家

不约而同地提出，最想念、最想见到的是关老师，于是纷纷出主意、想办法、找线索，各显神通，终于拐弯抹角地找到了我的电话，于是就有了前面那番通话，而且当时在场的同学们一个个让我凭声音回忆、辨认，弄得我也心潮澎湃。24年没有联系了，其实我始终对这个班的孩子心怀愧疚，因为初二正是处在青春期阶段，他们一直在用闹腾、逆反来对抗老师及家长们的压制，可是当我以理解、宽容、鼓励，发现和抓住闪光点为切入口，收到了连我自己都意想不到的效果，即将升入初三，如果我带领孩子们继续走下去，应该有个更满意的结局，但是偏偏在这个时候，我北京的调令来了，虽然犹豫过，但最终还是离开了正在进步的孩子们，实在因我已40岁了，在外也飘荡了23年。因此，在我内心深处，是留有对孩子们深深的愧疚的。没想到，分别24年后的今天，孩子们又主动找到了我，更让我没有想到的是，第二天，以付强为首的4个学生代表，从山西大同驱车七百多里，径直来到了我家，一个个快40岁的中年人，激动得热泪盈眶，连一口水都没有喝，搀扶着我出去吃饭，席间说不完的往事，道不尽的思念之情，最后约定，7月18日我的生日，他们来北京接我到大同，同学们给我祝寿，然后一行人立马驱车返回。到了生日当天，几个同学开车来接我，大部分同学在酒店做准备，当时的盛况不再细述，这是我有生以来最隆重、最让我激动、最让我感动的一次生日聚会，组织者就是付强。就是从那时候开始，我和孩子们重新建立了联系，孩子们都亲切地称呼我“关妈”。

以后的日子，每年都要往大同跑两趟，我想念孩子们，孩子们也在牵挂着我，在我们的师生情中似乎又添加了几分亲情。而付强永远是那个为我操心、为我忙碌、为我付出最多的人，这后一张照片，就是正月十五陪我逛灯会回来后在酒店的留念，当我过意不去，表达谢意时，付强永远在说：“咱们娘儿俩，是跟谁啊，还用客气。”但是孩子，你知道吗？你们给关老师晚年带来的快乐与幸福，用一个谢字是远远不能表达的！

这就是我最得意的一个征服案例，征服的不是一个学生，而是一个班级。现在我已愈古稀之年，付强他们也已经年近五旬，但是我们的师生情不变，相互的牵挂依旧！

征服案例17

这是我的一个个案记录。

依恋

“关老师，我是张陆。这次成绩出来了，我377名，考得还可以。但是还可以更好。不必担心。”

“好孩子，这个成绩证明了你的努力，我很欣慰。下一步的要求首先是稳定，然后才是进一步给自己制定更高的目标。切记避免大起大落！”

“知道了，谢关老师。我不会让您失望的。”

上面是只有一面之缘的、我还没对上号的一位高三大男孩与我的短信对话。

前面的铺垫是：高三，原来成绩不错，早恋，抗拒母亲的管教，厌学，自残，成绩急转直下，目前排在年级700多名（年级1000多名学生）。应家长和学校心理老师的要求，介入指导。

第一印象 高高瘦瘦，文质彬彬，带有书生气，应该是个学习型的孩子。语言表达顺畅、坦率，有急于倾诉心中困惑的欲望。

自述 高一高二心无旁骛，一心学习，成绩最好时在年级200多名，高三恋上一个女同学，真心喜欢，妈妈和老师不理解，企图用道理和诸多具体行动，破坏二人的感情，达到拆散他们的目的。虽然几经波折，妈妈做出了让步，同意继续交往，但不要影响学习。可是该女同学有退缩之意，提出分手，于是受到深度打击，不仅在学习上放纵自己，而且做出了自残的举动。

对于他能对我一个初次见面的陌生长辈袒露自己的情感经历，我首先给予了肯定与祝贺：一个17岁，即将步入成年的大男孩，有了自己心仪的女孩儿，初尝“恋爱”的滋味，尽管懵懂，尽管青涩，但并不是错，而且说明你长大了！（给了孩子一颗定心丸，拉近了他与我之间的距离，在情感上取得了孩子的认可。）

第二印象 单纯、善良、痴情；对女孩子的喜欢掺杂了依赖、依恋的成分，缺少男子汉的气势；执拗、固执己见。

交流很顺畅。他对该女生的好感主要是有主见、能帮他拿主意、能指导他，甚至女生发出了“我都不知道我找的是男朋友还是个宝宝”的疑问。明显感觉到的是，女孩儿并不专一，若即若离，而他却一味痴情，死心塌地。即使我坦言了对这个女孩儿的负面看法，他也认可，但是在谈话的最后，他还是提出请求：不想放手，允许我追回这段感情，但是会把主要精力收回到学习上。

最后我们约定，下次月考在目前700名的基础上，争取进500名以内。同时，我叮嘱他妈妈放手，不要再施压。结果就是前面的短信留言，他向我汇报的成绩：377名。而我并没有表现出大喜过望，而是嘱咐他“稳定第一重要”，因为我知道他一定还会有波动。

过后他妈妈转达了孩子的一句话：**“他认为您是真心帮他。”**这才是出现转机的关键。

此次辅导到此告一段落，应该说效果还不错，但是如我所料，波动和反复还是出现了。

◎ 2018年12月31日　张陆与我微信节选

“关老师，明天可以和您说些事吗？如果休息就明天再回吧，希望您明天有空。”

我：“刚看到，现在就说也可以，电话或微信都行。”

“谢谢关老师。

“其实我这次成绩还可以，477，虽说有些下降，但也属于正常范围。我最近状态挺好的。

“我也走出来了。因为想了想爱过就够了，尊重故事的结尾。”

我：“上下浮动很正常，关键是心态平和了，情绪没有太大波动了，还会进步的。”

我：“对于爱，不要用‘过了’，你才多大年纪，爱的日子还很长，爱的机会还很多。”

“我妈在催我。先睡觉了，其实重要的事情还没说呢，明天再和您说。”

第二天早上7点35，我刚起床。

“关老师，早安。

“我接着和您说，就是我又有了一个女朋友，她是我们班的。”

我：“好快啊！”

我：“你对女朋友的定义是什么？”

“其实不太清楚的，您知道。”

我：“凡是你感觉对你好的女同学都可以认定为女朋友吗？”

“不是，绝对不是。”

我：“这位女同学明确跟你说是男女朋友关系了吗？”

“嗯，我们俩在学习上有不会的相互问，相互讲。其实这样也挺好的，而且学习上都有提升。”

我：“非常好！但不要有什么非分之想，互相帮助共同进步，高三毕业，考进大学，才能真正确定关系。”

“嗯，我知道的，什么也没学业重要。”

我：“我知道你是个明白孩子，把握住自己最重要。”

“就是班里同学老是说这说那，我并不是很在意，但是她很在意。而且她也担心被我们老师发现，有些担忧。

“我不知道应该怎样劝她，您能帮帮我，和她聊聊天吗？”

我："这不能怪同学，只能怪你们太张扬，让同学们都感觉到了，就堵不住别人的嘴了。"

"的确是我的问题，这点我承认。"

我："聊天可以，但这个女孩子有自尊，要面子，是好事，劝她估计意义不大。"

"她是那种很在意别人看法的人，而且我感觉她还有点自卑，可能是因为家境的原因吧，其他的我也不太清楚了。"

我："你知道吗？你在同学眼里就是个多情种，刚刚结束了一段感情，时间还不长，马上又开始另一段，能不让人议论你吗？"

我："我开始就问你对女朋友的定义，因为我觉得你不应该这么快就确定为女朋友关系，你心里的这个定位太草率。"

我："既然知道她自卑，改变她的最好出路就是努力学习，用成绩来证明自己，一旦让老师、家长知道她早恋的倾向，对她更不利，简直就是害她呢。"

"您说的话，我会记住。"

我："你是个多情善感的孩子，心地特别善良，但是这一年半的光阴太重要、太宝贵了，一旦浪费了追悔莫及。调整好自己的心态是当务之急。"

就这样，用微信来来往往聊了半天，又像上次一样，最后还是坚持让我加女孩微信，做人家的工作。就这么一根筋，很无奈。

我又多了一份担心：一旦这个女生撤出，他会不会又做出过激的行为！我会采取措施，防患于未然。

最后孩子顺利考上大学，孩子以及他的家长都没有再找我，没有什么大问题了，我不再跟踪。

这是当时的一个心理辅导个案记录。今天我对这个学生已经没有什么印象了，但是我知道，我不是专职的心理医生或心理老师，只是用我对孩子的爱、对学生的责任感、我的真情帮助了他，也让我的价值感、成就感满满。

征服案例18

用我的亲和力征服了一个大男孩。

捕捉

在某中学青年教师座谈会上，一位高一班主任老师诉苦：班里一个男生习惯不好，软硬不吃，但很聪明，成绩还不错，让老师很无奈，感觉是不是心理有问题？其实这不属于心理问题，我可以不介入，但是我的征服欲又被激发了，于是同意会一会这个软硬不吃的“熊孩子”！

我，一个北京来的老太太，对学生来说是完全陌生的，直接把学生找来谈话显然是不妥的，会先入为主地激发出学生的对抗情绪。我抓住了一个细节：这学生坐在班级最后一排，于是我决定，听课！不是为听老师的教学，而是把座位安排在他身边，抓他一个现行，给我一个接近他的理由。

结果如愿以偿：

历史课，我坐在了他的身边。同学们都以好奇的目光注视着这位满头白发的老太太，我报以和蔼的微笑。

第一印象 戴眼镜，有一点点书生气，两眼有神，透着聪慧与随性，看他的桌面和坐姿，立刻就感觉到了老师说的“习惯不好”。

果然，一上课老师让拿出这一节课的“学案”（一份打印好的知识点和问题），同学们很快就准备好，而他却东翻西找，怎么也找不到了。这一堂历史课，显然不能完全与老师同步进行，这也恰恰给了我接触他的机会，下课铃声响了，我要求他再找老师要一份学案，到办公室来找我。我相信他当时一定是一头雾水：这老太太是谁呀？我怎么了，为什么盯住我了？（其实我这时候暗自发笑，今天听这一节课就是冲着你来的，孩子，你进套了！）

第二印象 外向、热情、透着朝气、聪明、随性、显现出正能量（又是一个我喜欢的孩子）。

我先做了个简单的自我介绍，他表现出来的惊喜和钦佩让我感觉到了他的性格特点：外向，不隐瞒自己的情绪；他的行为特点：向好、善表达、随意性强；让他把课堂上没有完成的学案问题补上，他没有丝毫犹豫就做出了答案，看出了他的聪明和较强的接受能力。

到此我已经知道，这孩子完全没有心理问题，就是习惯不好，对自己没有高要求，比较散漫，并不考虑别人的感受（包括老师的感受）。用他自己的一句话就是“我这人就是心比较大”。于是我为他分析了“心大”的利弊，“心大”与学习成绩的关系，一直“心大”下去的后果，并制定了下一步的学习目标。我们的聊天非常融洽，他居然提出还想再见我。我欣然应允，但条件是，我要从班主任那里得到他进步的信息——这就是我今天要达到的目的。

临别时的一幕很有意思：我说聊了这么半天，还不知道你叫什么呢！他回答："房虎霖，我这名字好记，您就记住防护林就行了。"——真是个可爱的大男孩。

他果然没让我失望，班主任反映他变"顺溜了"，比原来懂得自律了，并且感谢我帮了她一个忙，"收拾了"一个刺儿头学生。我可没有"收拾"的意思，就是用我的亲和力感染了一个桀骜不驯的孩子，他对我的信任和信服是他转变的动力。

得了癌症的人有自卑心理，这是我的切身体会。所以两年前确诊结肠癌后，一直在封锁消息，不愿让太多的亲朋好友知道。可实际上是瞒不住的，逐渐朋友、同事，尤其是曾经的学生们陆陆续续惊闻"噩耗"，都纷纷提出要来看我，我大部分都谢绝了，我不愿用"礼节"绑架别人，可是我的学生们我却无论如何阻挡不住。一次在与学生相聚时，一位虽已年过四十但依旧亭亭玉立的大美女说了一句话让我泪奔，她说："关老师，我从此又多了一份牵挂。"

就是这个当初的女孩儿，可是我下了很大功夫才被我征服的。今天回忆起来，她很是诧异："啊？我那时候那么叛逆吗？"她居然不记得了（也再一次验证了，孩子们的所谓青春期，就是一次过往，一次成长的经历）。

征服案例19

刘华，初三女生，性格内向，不合群，看卡通漫画成瘾，所有零花钱都用在买书上，积攒了一大木箱卡通漫画书。上课看是家常便饭，学习成绩全班倒数，前任班主任谈话、批评、没收，均无效果。我接班后，在即将召开第一次家长会时，她交给我一封千余字的长信，信中痛斥我不懂新文化、新时尚，告诉我看卡通漫画是世界潮流，讥讽我思想意识的落伍。父母亲撕过、烧过她的书，并不止一次地打过她，但她绝不屈服，仍旧要看下去，而且她预言家长会上我一定会告她的状，她等着家庭中一场暴风骤雨的来临，但不会让我看到满意的结果。接到这封信我犹如接到了一道“战表”，周围很多老师看后都被激怒了，我反而冷静了下来，因为我意识到她所谓的“预言”是揣摩了一般老师的心理和做法，她已经领教过了，于是我决定给她一个“意料之外”——家长会后我留下她的家长，并要求家长配合我，按我的方法去做：回家后不生气，不责备，表现出很高兴（这就是第一个“意料之外”）。然后告诉她，关老师表扬你了，表扬你爱看书，不追星，这在现在青少年中还是比较少见的（第二个“意料之外”）。但是老师提出两个问题请你认真考虑一下：第一，你这样没有节制地看，对学习有没有影响？如果觉得没有影响，你的智力和能力不过如此，学习成绩只有这个水平，那关老师支持你继续看下去（第三个“意料之外”）；第二，你上课看如果关老师不管，其他同学也上课看关老师该不该管？——家长完全按我的意思做了，没有出现她所预料的“暴风骤雨”，她反而被触动了。经过几乎一夜的思索，第二天她主动要求找我谈谈，我由于当天有别的安排而没有答应她，然而出乎我预料的事情发生了：第二天是个星期日，她迫不及待地由父亲陪同，打听着找到我家，再一次要求和我交流，并表示谈好了她立即去理发馆把那很怪异的发型剪掉，要重新做人。这会儿是我被感动了，我让她坐在我身边，揽着她的肩，首先感谢她对我的信任，对昨天没和她谈表示歉意，然后推心置腹谈了很久。第二天的刘华，头发剪短了，又给我一封信，表达了自己的决心，在信的末尾画了一个短发女孩，脸颊上有泪滴，高举右手在宣誓；而且随即付诸行动，把一箱子卡通漫画书锁起来了，上课认真听讲了，学习成绩直线上升，期中考试从全班倒数提高到25名，期末又提升到22名。用她的话说：**“您的这种对待学生的方式，让我无法再顽抗，我只能投降，但我心服口服。”**一个原班主任劝我放弃，让我“别搭理她”的青春期叛逆少年，就此步入正轨，顺利完成学业。她口中所说的**“您的这种对待学生的方式”**其实不是技术层面的，是对孩子的一片真情，孩子们是懂得的！

这次见面，我把一直保存的信物归还原主，她说：“我要拿回去教育我青春期的女儿。”

征服案例20

王龙是一个学习十分优秀的学生，戴个小眼镜，不善言谈，给人一种文质彬彬的感觉。但是由于家庭教育的不当，在他身上表现出来一些十分明显的弱点和缺陷，尤为突出的就是自私：只顾自己学习，不考虑集体或他人的利益。比如：上学迟到，就是一个老大难问题，每天都是在上课铃声响起后，老师已经开始讲课，一声音量并不是很大的“报告！”在安静的走廊中也格外刺耳，老师不得不中断讲课，把他请进来，同学们已经见怪不怪了，说“哪一天王龙要是没迟到，反而不正常”。老师做了大量的说服教育工作，效果都不明显，导致集体荣誉一再受到影响。而原因是他的妈妈有意把闹钟拨慢15分钟，让孩子用迟到来换取早晨多睡那一小会儿。至于帮助同学、关心集体等几乎与他不搭界，尽管学习成绩很好，但我很为他的品行而忧心。一天，我走在学校的楼道里，突然一阵眩晕，身不由已地趔趄了一下，正巧王龙从此经过，他听到动静回过身来，关切地问了我一句："关老师，您怎么了？您没事吧？"我稍稍镇定了一下，告诉他："没什么事了，谢谢你。"我谢他什么呢？谢他对我的这一声问候，谢他在紧急时刻心中对他人的那一份关爱。回到办公室，再想想刚才的那一幕，我决定小题大做一下，给他一点刺激与提示。于是我立即动笔给王龙写了一封简短的信，原文如下。

王龙：

谢谢你！刚刚过去的课间十分钟，你的一句问候让我十分感动。因为高二同学在考试，我怕咱们年级同学大声喧哗对人家有影响，所以下课铃一响，我就开始在楼道里巡视。由于身体不适，突然间一阵眩晕，瞬间趔趄了一下，也就两三秒钟，这一幕却被你捕捉到了。你稍微犹豫了一下，怯生生地问我："关老师，您怎么了？"那一刻，我好感动，好感动。一句简短的问候，表达了你对老师的关心，也说明你心中有他人，你对他人的付出，会换来别人对你的喜爱和尊敬的！再一次谢谢你！

你的大朋友　关老师

也许有人会说，不就是一句话嘛，用得着这么小题大做？我认为这得因人而异。在王龙和他的妈妈看来，学习成绩、学习时间、学习方法等等，凡与成绩有关的事都是大事，而集体利益、他人感受等做人方面的事不仅是小事，而且似乎在他的意识中就没有这种概念。尽管他学习优秀，得到老师和同学们的赞赏，但在我心中总有一种很深的遗憾，让我非常不舒服或者说不甘心，那就是他在“做人”方面缺失正确的观念，更直接点说就是“自私”。作为思想品德课教师，作为一名老班主任，我把这事看得很大，因此在学校日常的教育活动中，我总是尽力去引导他增强集体观念，给他创造为同学、为集体服务的机会，希望他成为一个“并非只读圣贤书，而是心中有他人”的更加完美的好孩子。也就是在这种思想的指导下，当他下意识的、不带有表演性的一句问候传递给我时，我非但不能无动于衷，而且应该给予他积极的回应与肯定，让他在记忆中留有痕迹，让他体验助人后的快乐，让他知道成就感不仅仅来源于好的学习成绩。总之，一件小事被我放大了。换来的结果是，王龙非常难为情地亲口告诉我：我不想迟到，但是妈妈总用“拨表”的办法欺骗我，我以为自己已经起得很早了，还是迟到，郁闷了好久才发现妈妈的“好心”——她想让我早上多睡一会儿。

就从这件事的第二天起，王龙再也没有迟到过，是我用真情赢得了孩子的忏悔。我想，这个变化对王龙的成长是大有益处的吧！

小结

说起用情感感化孩子，我有太多太多的真实案例。我要强调的是，我都不是刻意做出来的，而是内心真实情感的迸发，看到学生的自行车坏了正在为怎么回家发愁，我毫不犹豫地把自己的自行车让她骑走，我挤公交车回家；看到学生们每天早上交作业在书包里乱翻，很耽误时间，我自费买了47个漂亮的袋子，专门放作业用，孩子们每天提着的手提袋成为我们班一道亮丽的风景线；我的学生无故受欺负了，我心疼，并且一定要求对方道歉；对父母离异家庭的学生，我会给予更多的关爱……30年班主任，从没有从心里讨厌哪个学生，更没有从我手里流失过一个学生，包括前面提到的学校准备开除的学生，也被我留下并挽救回来。时至今日，我得出的结论是：我从学生们那里获得了价值感和成就感，学生们给予我的更多的是欢乐、爱戴、尊重和分别后的思念，是我离不开孩子们。我刻了一枚赠书章，4个字“为了孩子”！直到今天，我笔耕不辍，一心要完成的这本书《30年班主任，我没干够》，是对自己教育生涯的一个总结回顾，是为了给自己的教育事业画上一个圆满的句号，但其实最核心的目的还是为了帮助到更多的年轻老师，最终更是为了孩子！

第三章

坚持

前面说了太多的“征服”，一定会有不服气的老师说“自卖自夸吧？”，还会有更多的老师说：“你们那会儿的孩子多好管啊！”“现在的家长多难缠啊！”对此我一直持有我自己的观点：第一，每一个时期的社会环境不同，不用说孩子，就是成年人也会表现出带有时代色彩的思想意识、行为表现、个性特点，这很正常，而且是一种社会进步的表现，没什么不对吧？为什么要把怨气撒到孩子们的“变化”上呢？第二，孩子们的变化是势不可挡的，这是客观事实，所以教育思想、教育理念、教育形式、教育手段要顺“势”而为，作为家长就不能抱着“我的父母当初就是这么教育我的”观念来教育自己的孩子；作为老师也绝不能再照搬教育的老套路，我虽不愿意用什么“教育创新”的花架子，但是教育理念的不断更新、教育方法的与时俱进、教育手段的人性化，更贴合今天孩子们的心理需求，这是必需的呀！第三，我虽然现在72岁了，当班主任是24岁到56岁之间的经历，但是退休后我从没有离开教育，从没有离开孩子们，一直在亲子教育、家庭教育、青春期教育领域乐此不疲地忙碌着，跟今天叛逆的孩子们在一起照样让我愉悦，让我年轻，依旧能够激发出我的征服欲，所以才从心底发出“30年班主任，我没干够”的感慨！

我也有过失败，我也有过苦恼，我也有过片刻的退缩，但我坚持下来了，我为自己一辈子就干了这么一件事而深感欣慰和自豪！

那就先说说我的委屈和失败吧！

委屈案例1

刚刚站上讲台就担任班主任，虽然自己信心满满，但家长们的不信任跟今天的家长们没什么区别！尤其我任教的是一个大型企业的子弟中学，关系网错综复杂，我又是一个自尊心极强的人。开学不久先闹了个乌龙：刚刚熟悉了学生，认识了我们班一个叫苏健的男孩，当我到另外一个班上课时，发现“苏健”坐在这个班的教室里，我当即就火了，下课直奔教务处，质问“从我的班转走学生为什么不通知我这个班主任？”。教务处老师赶紧过来，“小关，你先冷静点，把事情搞清楚再说话”。原来这两个学生是双胞胎，一个叫苏健，一个叫苏杰，自己闹了个笑话，尴尬收场。但是很快，真正让我感到屈辱的事情还是来了。

班里有一个比较能闹腾的男孩，他的妈妈是当时厂里的中层领导，而且是位很有名气的女强人，长得就比较强悍，说话很冲，走哪儿都叼着烟。她找了学校领导，明确表示看不起我，要求把她的儿子调离我的班。学校领导哪敢得罪她，只好做我的工作，开始我很强硬，要求她指出我的问题或错误，如果说不出来，就是无理取闹，就是对我的侮辱！可是胳膊是拧不过大腿的啊！我只好自我解嘲：他儿子不是个省油的灯，走了我还省心呢！这也是一位新的年轻教师必须经历的磨砺吧！

年轻教师刚刚站上讲台，由于经验不足、经历不够，肯定底气不足，让挑剔的家长说三道四，甚至指手画脚，很正常，也是必须接受的历练，而且是任何时候都会有的状况。一过性的委屈情绪可以有，但是绝不可妄自菲薄，只要问心无愧，该强硬的时候就要强硬，在磨难、碰撞中坚持并坚强着——这就是我的成长经历。

委屈案例2

都说现在的学生难管，可是在20世纪70年代，我怀孕期4个月时，被学生打得险些流产，这事即使放在今天也是难得一见吧？

记得也是在一个初二的多事之秋，我怀有4个月的身孕，那时候的人不娇气，一直照常上班，也仍旧担任着班主任工作。在一次学校组织的义务劳动中间休息时，一个平时就不学习、吊儿郎当、有着社会习气的男生，叫上几个男生打起了扑克。现在反思一下，如果是今天，我不会管，不会限制他们玩，因为不是上课，是在校园里劳动的休息时间。可是当时把扑克带到学校来，已经就是违纪了，于是我凑过去，没发火，也没说话，就把学生手里的扑克收了。让我始料不及的是这个学生，突然转过身迎面给我胸口一拳，我蒙了，但本能地弯下腰护住肚子，于是后面的拳头结结实实砸在了我的后背上，直到同学们醒过味儿来把他拉开。我见红了，我爱人哭了，怒不可遏地要去找这个学生算账，我劝住了他，去医院找医生看了，医嘱回家好好休息。还好那时候媒体不发达，这个小小的恶性事件随风而去，学生写了检讨，他父母来家看望了我，我休息了几天，无大碍，继续上班，继续当我的班主任。随后我对这个学生没有嫌弃，更没有恨，在当时就是一个普通学生犯了一个错误而已，没有人渲染，更没有今天人为的轰动效应，肚子里的儿子平安健康，所以我自己也没有觉得有多委屈！

委屈案例3

我的性格特点中“要强”占了很大的成分。从小听话懂事，街坊四邻眼里的“乖孩子”；上了小学一直是妥妥的“学霸”，直到以全年级第一名的成绩考进了北京女三中；参加工作后，在某子弟中学任教期间，立志要做个好老师，长期承担着一个班班主任、6个班政治课教学的工作，一心扑在事业上，也算兢兢业业，很快得到了学生和家长的认可。可是我前面讲过，这种大型企业的子弟中学，全厂几万人，包括医院、学校、幼儿园等等，都集中在一个大的厂区和生活区里，就是一个小社会，人际关系盘根错节。我在回到北京前熬过了一段非常憋屈的日子。细节不说，仅举一例很能说明问题：当时我们的政史地组，除我外都担任点小职务，都带个“长”字，教研组长、备课组长、工会组长、党小组长，就领导我一个“白丁”，依我的性格，我能服气吗？而且学校有收拾不了的“乱班”就找我，整顿好了就没人搭理我了，那两年的委屈甚至是怨气都顶到脑门上了。

受益于国家进一步深化知青返城政策，我回北京的调令来了。当时刚刚把一个初二“乱班”引上正轨，孩子们非常舍不得我离开。离开大同回北京那天，十几个学生骑自行车，浩浩荡荡、前呼后拥地把我送上了火车，一次依依不舍的告别！至今我也不得不说，我最最对不起的就是这个班的学生！因为我逃离了！

回到北京，进入一所中学，我有一种如鱼得水的感觉，完全激发出了我的教育教学热情，评上高级教师职称，论文屡屡获奖，获得北京市紫金杯优秀班主任、师德标兵等等称号，班主任更是从初一带到高三，实现了我“做一个好老师、好班主任”的初心。记得有一年期末，王竹君副校长稍带歉意地告诉我：关老师，今年向区里汇报咱们学校的工作，其实有很多都是你做的，我就算在学校头上了。我很不以为然，甚至有几分高兴，因为学校领导看到了我的工作和成绩，并给予了肯定。

我争强好胜的性格决定了我最不能忍受的是在工作上被贬低，所以，整个教育生涯中，前十几年，被委屈和压抑部分限制了我的工作热情和工作能力的发挥，回到北京才发现自己那么热爱和钟情自己的这份工作，于是热情、激情迸发至今！

整个教育教学生涯里，虽然有难、有累、有委屈，但唯独没有退缩，直至今日，一直在坚持，而且是心甘情愿地坚持，乐此不疲地坚持。遇到学生捣乱和不理解，我号啕大哭过；最累的时候，我曾经希望走在路上被车撞一下，撞伤，别撞死，到医院躺几天，给自己休息找个借口。但是我从没有怨过学生，没有想过转行换个职业，一直坚守我的初心，做个好老师！为了我爱的这份事业，也是为了孩子！

曾经有一位比我年长的老师给我传授经验："小关，你要想不当班主任，最好的一招就是你把这个班带乱了，越乱越好，领导一看你不行，就不会用你了。"言语中甚至透着几分得意。只可惜他的传授对象选错了，我们虽然一直都是好同事、好朋友，但我有点"不识抬举"，不接受他的态度和观念，因为我的初心就是要做一个**"合格的、优秀的、学生接纳的好班主任"**！几十年来，在实现初心的道路上尽管困难重重，磕磕绊绊，披荆斩棘，但喜怒哀乐尽在其中，我坚持下来了，而且会一直坚持下去！

坚持案例1

在我的班主任生涯中，有过几次跟"危险"擦边的事，别人都为我捏了一把汗，但都没有阻挡住我为孩子们的坚持。比如前面案例中提到的到游戏厅去找学生、陪肺结核的学生去医院看病、被学生打得差点流产等等，但最危险的一次是至今想起来心有余悸的“夺刀事件”。

那是在一次学校运动会结束以后，学生和老师们都回家了，我最后一个离校。正要出校门，两个学生风风火火地迎面跑来，“老师，孟阳在小树林里跟社会青年打起来了，都动刀了，您快去看看吧！”我想都没想，跟着学生直奔学校对面的小树林。映入我眼帘的场景是：一个社会青年手举有一尺多长的尖刀，孟阳一副不服的架势与他对峙着。我虽然心跳加速，但还是稳定住情绪，用我1.5米的身躯站到了他俩中间，用身体护住了1.7米的学生，抓住了那个1.75米以上的青年握着刀的手腕，我当时仰着头故作平静地对他说：“他是我的学生，做了什么对不起你的事，你告诉我，我绝不袒护他，你如果不冷静，一刀下去，那就不是他一个人受伤的事了，你能有什么好的后果吗？”正在僵持中，我们学校的司机小刘出现了，来了个小伙子，我的心放下一些，于是顺势把他手中的刀夺了过来。我其实这时候是有点懵的，谁把刀从我手中拿走的，他的同伙听到“警察来了”把刀踩进了刚下过雨的泥地里，我都是后来听学生说的。可是110警察把我们都拉到派出所做笔录时，我心慌手抖，回答完问题在5页纸上签字时，我连我的名字“关承华”三个字都写不了了！说不怕是假的，后怕，越想越怕！孟阳并不是我们班的学生，而且是全校闻名的“双后进生”，抽烟、喝酒、打群架，唯独不学习，可是在一次记者采访时我的回答是：“即使是非常有问题的学生，他也是我的学生，在这危险时刻，爱护他、保护他是我的责任。”因为担心社会青年会报复我，学校领导让我在家休息几天，避避风头，我拒绝了，我还放不下我的学生们呢！但我的坚持也有暖心的陪伴，一连数日，我们班小男生每天骑车陪我上下班，我值了！

坚持案例2

我手里始终珍藏着一个薄薄的、32开、很旧的小本子，还时不时拿出来看看，充满着温暖的回忆。

那是又一次半路接了个“乱班”，整顿了一段时间，正在步入正轨，跟同学们也建立了感情，可就在这时，我的腰椎间盘突出发作了，压迫得腿疼走不了路，必须卧床休息！可是处在多事之秋的一个初二班级，没有班主任怎么得了？尽管学校安排一位任课老师临时代管，但我知道，这帮“小活猴”不是谁都能管得了的！于是我跟班委会讨论决定，建立一个“记事本”，每天由班委们轮流记录班级一天的情况，放学后拿着本到我家汇报（多亏我家离学校不远，骑车10分钟吧），然后我在记事本上写上我的态度和要求，第二天早读时间宣读。就这样，我身在家中，心在班里，遥控了十几天，留下了这段珍贵的回忆。我把记事本第一页和我的12篇回复摘录下来，希望对老师们有些许启发。

◎ **汇报情况安排**

周一　王同学　　周二　李同学　　周三　陈同学

周四　徐同学　　周五　朱同学

11月14日

记录人　王同学（均隐去真名）

今天没完成外语作业：梁同学　贾同学

化学作业：杨同学　宋同学　汝同学

周记作业：许同学　梁同学　王同学　陈同学　闻同学

化学课：老师提醒某同学……

几何课：老师提醒某同学……

体育课：纪律较好

上操：较好

美术课：许多人吃干脆面，宋同学请病假，许多人说话

外语课：王同学不记笔记

物理课：全都很乱

校会：刘同学、朱同学老动

宋同学下午两节课没上

早晨做值日刘同学来晚了

王同学划火柴

◎ 第1天，我的回复：

亲爱的同学们：

今天我第一天休病假，有一种度日如年的感觉，从早晨7点40分我就开始想：杨同学迟到了没有（注：这是一个经常迟到的女孩）？宋同学上课间操了没有（注：经常逃课间操）？梁同学升旗时说话了没有？旷同学上课怪笑了没有？体育课刘同学、张同学、闫同学穿运动服了没有？汝同学、石同学、王同学、陈同学

上课说话了没有？……总之我想了很多。从今天班委汇报情况来看，这一天有一部分同学表现不太好，令我很失望！

同学们，这样能让我安心养病吗？

老师　14/11

◎ **第2天，我的回复：**

1. 凡是在本上记上名字的，我将陆续与你们的家长取得联系，让家长在记事本上签字。

2. 下节课必须改变代数老师对咱们班的不良印象！

3. 汝同学明天随班委到我家来汇报情况。

4. 宋同学随便换座位，班长徐同学要承担责任。

5. 班委记录不仅仅记坏现象，受表扬的同学也应该记录。

老师　15/11

◎ **第3天，我的回复：**

1. 请石同学注意：上课迟到，按旷课记录。

2. 张同学值日小组18日（星期五）重做值日一次，如果杨同学再迟到，下周值日由张同学小组承包。

3. 刘同学、闻同学明天随班委来我家汇报情况。

4. 宋同学如果再换座位，我只好星期五上班（是宋同学逼我上的）。

老师　16/11

◎ **第4天，我的回复：**

1. 根据同学们反映，代数课有进步，扭转了老师对咱们班的印象，我向同学们表示感谢！

2. 旷同学明天到我家里来。

3. 星期四值日做得比较好，提出表扬。

4. 每一节课的前两分钟，课代表一定要在讲台前发挥作用。

老师　17/11

◎ **第5天，我的回复：**

同学们：

一个星期过去了，虽然这几天我也批评过你们，但总的来讲我还是满意的——这才是我的心里话！

听说今天陆老师表扬了你们，我又高兴，又从心里十分感谢大家，你们没有辜负我的一片苦心！我尤其要表扬宋同学，在经过老师、班委们提醒后，纪律上大有进步，我相信宋同学是个有良心的孩子！

新的一周开始了，我希望同学们在课堂纪律、教室卫生、完成作业等各方面都严格要求自己，让全年级看看我们4班的真风采！

另外，今天要特别表扬张同学小组，值日认真！

老师　18/11

◎ **第6天，我的回复：**

昨天的表现我基本满意，希望同学们保持下去。

课前乱应该由课代表负责。明天王同学到我家里来。

下面的内容让宋同学自己看：

宋同学：好几天没见到你了，你想我吗？反正我是挺想你的，什么时候来看看我，好吗？——我等你！

老师　21/11

◎ **第7天，我的回复：**

1. 最近上课看课外书的增多了，我真诚地希望同学们明确一个问题：好好学习不是为了关老师，不让在课堂上看课外书也不是为了关老师，如果因为我生病休息而影响了大家的学习，那我将十分自责，不要让我感到对不起同学们，好吗？

2. 明天薛同学、杨同学到我家里来。

3. 我听说宋同学上实验课烧了眼睛，是不是没按照老师的要求去做？抽空来让我看看，好吗？

老师　22/11

◎ **第8天，我的回复：**

我休息一个多星期以来，有那么几个同学太不够意思，我每天费尽心思在关心你们，尽量用好话、以商量的口气提醒你们，可是却不通情理，上课说话的照说不误，不完成作业的也无所畏惧，看来你们也根本没把我放在眼里，那我又何必把你们挂在心上？既然如此，我完全可以放弃你们！你们成绩如何？毕业前途何在？与我有多大关系！就让初三4班继续乱下去吧！就让我们班永远当年级里的差班而被人看不起吧！

班委们也不用来汇报了，我乐得省心，在家安心养病了！！！

老师　23/11

◎ **第9天，我的回复：**

1. 据说同学们昨天表现不错，不知能不能再坚持几天？个别同学感到上学实在没意思，完全可以不来上学，但绝不允许影响我的初三4班！

2. 今天下午放学后评出这一周的不交作业“冠亚军”，王晓云详细记录，下周开家长会公布。

3. 明天王同学到我家里来。

4. 陆老师病了你们想去看望，但不允许超过3个人。

老师 24/11

◎ **第10天，我的回复：**

同学们：

两个星期过去了，说心里话，我真想你们！每天虽然说在家休息，可是脑子从来都闲不下来，每个人都要在我头脑中过上几遍，有气、有愁，但更多的是想你们的可爱之处。再坚持几天吧，我已经在家待不住了，很快我就会回到你们中间了！

老师 25/11

◎ **第11天，我的回复：**

1. 最近咱们班上课吃东西的现象越来越严重，据说有些同学是因为早晨不吃饭，有些同学纯粹是嘴馋。不管是什么原因，这都不是好现象，既不文明又不卫生，还影响课堂秩序。这个问题我准备开家长会时提出，让你们的爸爸妈妈协助我，因为你们是毕业生，很累，很辛苦，长期不按时吃早饭会影响身体健康，希望能接受我的劝告。

2. 昨天几何课引起了老师的不满意，希望挽回影响。

3. 今天政治丁老师来看我，特别表扬咱们班。望保持下去。

老师　28/11

◎ **第12天，我的回复：**

今天是我休息的最后一天，明天我就又回到同学们身边了。希望今天同学们保持良好的课堂秩序，争取每一个人都不在记事本上出现自己的名字，用实际行动欢迎我，能做到吗？

我虽然没上班，但身体恢复得并不好，主要是心里总放不下你们，每天下午3点半以后就心神不宁，坐立不安，等着你们的消息，你们能理解我这种心情吗？如果能理解的话，希望同学们用行动来回答我！

老师　29/11

一次生病休息了16天，12个工作日我一天也没闲着，只是人没在学校、没在教室而已。从我这12篇回复中，我想可以看出这样的几个内容吧：第一，这真的是一个“乱班”，都初三了还在闹腾，甚至你能看出哪个是班里最让我费心的“问题学生”；第二，我一直在试图用“情”感化他们，而且结果证实我是对的，他们虽然管不住自己，但从不跟我作对，心中有对我的信服与尊重；第三，我几次告诉孩子们“再坚持几天”，因为我知道他们希望看到我，盼望这个能管住他们的老师回来。而对我来说，其实也是一种坚持，一种知难而进的坚持，一种爱的坚持。在我的“征服案例”中，有好几个都是我这个班的学生。

我这次的结肠癌术后，他们得到了消息，40多岁的他们组团来看我，聊起初三4班的当年事，让他们重新温习这个“记事本”，他们甚至不记得自己曾经那么“欠揍”，在回忆与欢笑中，孩子们说的是感恩、感谢，我倍感欣慰的是我当年的坚持，没有放弃一个学生，尽管没有一个985或者211，看到今天的他们，我仍旧认为自己是个赢家！

坚持案例3

今天年轻的老师们总是抱怨“现在的老师难当”，甚至以不屑的口吻说：“你们那会儿的学生多好管，老师多好当啊！”我在前面的“委屈案例”中用具体事件写了我们当老师时的难处，现在还想说一说我们当时心里也有不平衡的啊！

首先说工资低。你们会说“那会儿消费水平还低呢”。是的，我不反驳！但是作为班主任，我们从没有“班主任费”这一说，所做的工作真的不比你们现在少。我每接一个新班，都会做一次大面积的家访，在《凭什么让学生服你》一书中我专门讲过。一般都是下午下班后骑车去，我给自己规定，只喝学生家一杯水（因为那个时间正是人家吃晚饭的时候）。记忆深刻的是一次连续走了4个学生家，骑车回到家将近10点半，精疲力竭的我，推开门听到的是儿子的一声怒吼：“妈，我有几个14岁？”一瞬间我知道自己错了，忘记那一天是儿子14岁生日，孩子在家等着我的生日祝福呢！儿子受委屈了，但我却没有因为业余时间做没有额外报酬的事而感到委屈，而且依旧在坚持。

其次说说女老师回避不了的话题——怀孕。不好意思地说，真羡慕你们！我们那个时候孕育一个新生命的整个过程，仅有45天产假，挺着大肚子进教室上课，被学生调侃“老师您人还没进来肚子先进来了”；中午休息，在办公室用3把椅子排在一起躺一会儿；直到孩子出生前一天还站在讲台上；45天产假休完了，上班后的喂奶时间是1个小时，利用课间跑去喂奶，回来上课时经常被学生发现衣服上的屎痕尿迹。现在说起来好像有点狼狈，但当时的老师们没有怨言，甚至很少有人借此机会放弃班主任工作。今天写出来绝没有抱委屈的意思，只是想说，我有多少年教龄就有多少年班主任龄，而且很多年没有给予班主任的特殊待遇，一直干到退休，这就是我的坚持！

坚持案例4

我有一个自认为很珍贵的收藏：一个瓶子里装着3块黑色的石头，每一个直径也在2—3厘米，像3颗中药丸，可能原来是近圆形的，但由于3颗石头的相互摩擦，石头上有着凹陷。它们是从我的胆囊中取出来的石头，之所以说它珍贵，是因为这里面有故事。

那一年带的高三文科班，正要劲儿的时候，我的胆结石病发作了。其实早就知道自己胆囊里有石头，但平时根本顾不上理它，疼了就吃点药压一压，完全没有想到这石头也在疯长。也许正因为那段时间工作忙、压力大，疼痛越来越严重，走路迈腿疼，乘车颠簸一下也疼，不间断地疼痛，吃药已经不管用了！6月12日晚上回到家，疼得从床上滚到地上，但无论如何不想去医院，一定要忍到学生们高考结束，否则会留下我终生的遗憾！我总是相信冥冥之中上天对我的眷顾，就在这时，我的学生崔岩（后来以中学第一名的成绩考进了清华大学）的爸爸妈妈来看我，看到我痛苦的样子，不由分说，把我抱进车里，直奔人民医院急诊科。

医嘱很明确：胆结石，必须尽快手术。我恳请医生：让我坚持到6月18日结课，我马上住院手术。于是在人民医院走廊里，输液、打杜冷丁，直至第二天凌晨5点，疼还在持续，不过感觉减轻了，能忍了，被儿子打车接回家。稍作休息后起来冲个澡，准备上班，这时学校打来电话：今天高三拍毕业照，您带他们三年了，一定不要缺席啊！我真心不愿缺席！于是忍着疼打车到学校，孩子们的笑脸立即感染了我，我笑容可掬地陪我亲爱的孩子们合影，然后又优惠每位老师免费照一张一寸标准像（在那个年代，这就是给老师们的福利待遇了），这张曾经让我后来心里后悔后怕过的小照片至今还保留着。

照相后，我疼得从学校直奔医院。外科李主任，也是我的学生的妈妈，看到我痛苦的表情，在我后背上拍了一下，我当即跪倒在地，她马上发出指令：住院，马上手术！我说回去拿东西，她怒了：拿什么东西？叫家里人来送，否则有危险了！我的儿子、哥哥、妹妹来到医院时，我的胃管、尿管都插好了，就等着亲人签完字挨刀了！这时候我开始后悔的一件事是“我干吗要照那张一寸的照片？这不是留遗像呢吗？”。

医生的最初方案是“微创”，但在肚子上打完3个眼后，发现结石太大拿不出来，把3个创口缝合，重新切开约17厘米的刀口，才把全部石头取出。术后醒来，看到了这3块石头，家人告诉我，主刀医生说“不知这个人是怎么忍过来的，很少见过这么大块的结石，还有一大把泥沙状的碎石都冲掉了”。我躲过一劫，捡回了一条命。

高三的同学们陆陆续续来到病房看我，人越来越多，护士长有意见了，一来人多影响病房秩序，二来也是怕我得不到很好的休息，于是要求同学们“不要停留，看一眼关老师就走”，孩子们提出“让我们每个人抱一抱关老师”。于是出现了让我永生都不会忘记的一幕：一个个大男孩，都1米7、1米8的大个子，排着队，每人走到床前，伏下身子，轻轻地抱抱我（我的肚子上缠着厚厚的纱布和绷带），贴贴我的脸。虽然我不能动，但我的心在回应：此时我两眼一闭，没有了生命，我是笑着走的，我值了！这就是我当时真实的想法！

高考结束，暑假还没过完，我的刀口还没有完全愈合，用一只手按着肚子，我又接受了新初一年级组长和班主任的工作。那一年已经过完了50岁生日，我仍在坚持做我喜欢的这件事！

坚持案例5

56岁正式退休。当时自认为自己的教育生涯到此结束，站讲台32年，当班主任、年级组长30年，还完成了两本书，帮助了不少孩子、家长和老师，也算圆满，该心安理得地享受退休生活了。有那么几年不再主动做事，在家帮帮孩子。但是由于两本书的影响，总有家长求助或者教育机构邀约，做一些青春期教育方面的指导和讲座，那时候完全是义务的，没有报酬一说，但我也乐得去做，没有什么动机和理由，就是想做、爱做、喜欢做、做完了有成就感和价值感——虽然退休了，但还不是老而无用！在这个过程中，也曾经劝慰过自己：歇了吧，别再跟自己过不去了，出去旅游，放飞自我，放松心情，才应该是老年人的生活。于是与老同学们结伴出游，那两年跑了西班牙、希腊、土耳其、美国、加拿大等好几个国家。在外面玩的时候处于兴奋状态，饱览了国外美景，领略了异国风情，见世面，开眼界，涨知识，收获满满！但是回到家以后，心绪安静下来，产生了无聊、无所事事的感觉，因为一年的大部分时间还是要待在家里啊！突然意识到：这不是我要的生活！这种快感、愉悦感都是暂时的，是很自我的，仅仅是一种生活过程中的自我满足。正在彷徨之际，我曾经的学生来看我，这是一位在高中时候入党，北大毕业，学业有成，事业有成，不忘师恩，时常牵挂我、帮助我的孩子，他提出："看您现在讲座频繁，您是不是应该把您所讲内容汇集成书，给我们留下来，让更多的人以后也能看到。"我回答："讲座从来不拿稿，一张卡片、一个提纲就都有了。"学生说："那更好啊！说明都在您脑子里呢，您更应该写出来、留下来呀！"一句话点醒梦中人：这不就是我愿意干的事情吗？而且头脑里确确实实又积攒下不少新的教育理念与素材，如果永久保存在脑子里，不输出，不就糟践了吗？于是说干就干，学生刚一离开，马上打开电脑就开始了我第三本教育专著"工程"——《9节课，教你读懂孩子》，前3讲说"亲子教育"，中间3讲谈"青春期教育"，最后3讲是"隔代教育"，是我做过的讲座和辅导课的汇编。毫不夸张地说，12万多字，几乎是一气呵成，满打满算用了110多天就交付了出版社，不但又完成了自己的一个心愿，而且有一种酣畅淋漓的自我满足感，更重要的是，就从画上最后一个句号开始，我确定了我想要的生活：**继续为教育、为孩子们发挥我的余光余热，不辜负学生、家长和年轻教师们对我的信任与期待。对整个教育来说，我起不了多大作用，但对于需要我帮助的个体来说，我能帮一个是一个。我在这本书后记部分**

写下的最后一句话是："其实我就是遵从自己的内心，做自己喜欢做的事。有需求，还会写下去。"

那一年我68岁，我没有食言，今年72岁的我，又在写啦！

坚持案例6

3年新冠疫情，是中国的大事件，也是世界的大事件！疫情期间，我除了做核酸、跑医院，线下活动基本都停摆了。学校停课期间，在岗的老师给学生上网课。作为我这个业余的教育工作者，对教育话题的敏感是无时无刻的，为疫情下的孩子们做点什么的念头又冒出来了，于是利用我自己的公众号"关老师有感而发"，发了一系列文章。拿出两篇以表达我对教育的执着与坚持。

◎ 公众号文章之一

非常时期，你的孩子有过"感动"吗？

——没有感动，何谈感恩

各位家长，根据市教工委要求，请让孩子今晚收看《老师请回答　大中小学生同上一堂课》第三期"疫情当前　谁在逆行"的节目。将收看节目作为一次特殊的主题班会。

这是家长群里的一则通知，作为一位曾经的老师和现实中的奶奶，我很重视，于是准时收看。

30分钟的节目，基本都是最近各类媒体反复报道的，医护人员舍小家顾大家，不顾个人安危奋战在抗疫一线的感人事迹，虽然故事并不陌生，但我依旧被感动着，而且产生一个强烈的想法：今天的孩子们会被感动吗？

“今天的孩子不懂得感恩”——这是长久以来的一个话题。我们是不是应该反思一下，今天我们的孩子为什么不知道感恩？问题是出在孩子身上吗？当我们责备孩子的忘恩负义时，心中就没有一点对孩子的愧疚感？固然这里有社会大环境的污染与熏陶，金钱至上的观念，个人利益的驱使，负面信息的泛滥等，但是对于未成年的孩子来说，**家庭和父母是这些负面信息、负面情绪的快递员，也可以说是让孩子产生不健康意识的污染源。**我举几个例子，看看有你的影子吗？

比如，由于多年来独生子女国情造就了“以孩子为中心”的家庭模式，孩子是小太阳，家庭所有成员围绕他一个人转，长辈的疼爱、欲望的满足、周到的服务，是那么的理所当然，使得孩子头脑中没有“感恩”的意识，这能怪孩子吗？

比如，家中有老人为你带孩子，这本身不是责任，不是义务，而是一种情分，你如果没有感恩的意识，就会对老人不尊重、挑毛病，甚至出言不逊，那么你的孩子对待辛辛苦苦照顾自己的奶奶、姥姥会有感恩之情吗？我曾经跟一个6岁孩子讨论谁是他们家的一家之主，他回答：“当然是妈妈”，我问：“那你奶奶呢？”他几乎是不假思索地回答：“奶奶是干活的。”童言无忌，老人在孩子心中的地位，跟大人的态度有没有关系呢？

再比如，现在社会上有一种思潮，就是全世界都对不起自己，国家不好、政府不对、社会不公；还有，家人没本事、同事没能力、邻居没素质，总之一肚子怨气。毛泽东诗中说：“牢骚太盛防肠断。”我要说的是，你的负面情绪和攻击性语言，不可能完全避开孩子，就会给孩子的幼小心灵造成隐性的伤害，认为别人都不好，都对不起自己，何来感恩之情呢？**感恩的前奏是感动，感动是一种即时性的情感迸发，当你有意识地指点孩子在日常生活中多发现美好、多发现善良、多看到别人的长处、多感受来自他人的关爱，激发出孩子内心的感动，久而久之感恩之情油然而生。**

在当今新冠疫情防控之时，我们的本分是保护好自己和家人，尤其是孩子，不给社会添乱。但是平时总抱怨“没有时间陪伴孩子”的爸爸妈妈们，你们珍惜这难得的、宝贵的陪伴时光了吗？大展厨艺，让家人和孩子享受美食；陪孩子读书、学习、游戏，我相信爸妈们一定做得很好，但是我想提醒的是，不要忽视孩子的心理教育和心灵建设，抓住和利用这个特殊的时期，用正能量引导和教育孩子，让孩子在感动中学会感恩。

千万不要漠视对孩子的感恩教育，因为感恩是一种情怀，是一种教养，是一种格局，不仅仅体现了孩子的素质，也体现了家长的教育水平。

2020年2月11日

◎ 公众号文章之二

非常时期，给孩儿爸孩儿妈几点建议

为什么我这里用了“孩儿爸孩儿妈”这个称呼呢？因为上了初高中的孩子自主能力比较强了，他们会有自己的想法和安排，父母只要稍加指导和督促就可以了。我的建议是针对家里有不能去幼儿园的小朋友、不能返校上学的小学生的爸爸妈妈们。

疫情当前，孩子们宅在家里，如果这是正常时期，不上学、没什么强制性作业，该是多么令孩子们向往的事情啊！可是今天的现实情况是：时间过长，至今开学还遥遥无期；不能出门，不能出去撒欢儿；没有小伙伴。孩子

们可能没有多少对疫情的焦虑与不安，但是他们的日子无聊、无趣、无所事事，也挺难熬的。如果这时候有些家长（希望是个别）以关注疫情为借口，自己抱着手机不放，而放任孩子玩手机、看电视，看似家里一团和气，其实对孩子是极不负责任的。所以我的建议是给对孩子的教育**有心、用心、上心**的父母的。

难得的陪伴期

1. 陪孩子读书。上学时间苦于无暇阅读，现在这么大块的时间，爸爸或者妈妈坐下来跟孩子一起读书，培养孩子对书的兴趣，培养孩子的阅读能力。（要有计划、有安排、能坚持。）

2. 陪孩子锻炼。让孩子动起来，首先家长不能懒，不能熬夜刷手机，早晨不起床，给孩子做坏榜样。要利用现有条件，跟孩子一起锻炼，让孩子保持好体质和体力。

3. 陪孩子做游戏、玩游戏。看到朋友圈里不少父母陪孩子下棋、唱歌、套圈儿，还可以再开动脑筋，开发更多的游戏方式，也可以在规定时间内陪孩子玩玩网络游戏，你要知道，当你允许他玩、陪他一起玩并在玩的过程中显示出他比你还“能”时，孩子是最开心的。

4. 陪孩子看电视。过去孩子把看电视当作一种奢望，现在有时间看了，关键是看什么！陪着妈妈追剧是最不可取的。电视中的疫情播报，不需要孩子关注负面消息，而是让孩子了解一线医生护士、叔叔阿姨的英勇无畏，进而懂得和学习这种精神；像《中国诗词大会》、反复播出的《朗读者》，可以提高孩子的文化素养；《国家宝藏》让孩子增加历史知识，了解我们国家历史的辉煌；《挑战不可能》让孩子知道一个人的能力、毅力能够创造奇迹，还有体育节目、军事节目、人与自然节目等等，不是把看电视当作单纯娱乐，而是要让孩子多多少少有点感悟和收获。

难得的“超车”期

这是我在其他媒体中看到的一种说法，我很赞同。

学生在学习过程中难免有自己的弱项，家长平时没少操心、焦虑，如果你是个有心的家长，何不利用这时间给孩子开开小灶，数学偏差，多见点题，我的孙子每天爸爸陪着做几道题，已成为习惯，丝毫不是负担；英语偏差，背单词、练口语、上网课，恶补一下；平时怕写作文的孩子，一方面多读书，另一方面家长有意识地指导孩子做一些写作方面的练习。我想今天的绝大多数父母是有这方面能力的，关键是看你是否上心，是否真的为孩子的学业着急！

看到两个典型案例，一个高三学生，平时住校，回家后因家庭贫困而没有网络，现在在家需要上网课，他每天5点半起床早读，为了蹭邻居家的网，为了不打扰邻居，早上8点爬上屋顶学习。另一个学生，中午12点还没起床，躲在被窝里假装打卡。当然，这是两个已经有了自主能力的高中生，难道不是咱们孩子正反面的两个榜样吗？向哪个学习可就取决于家长今天的引导了。

有人说：“一切终将过去，但过去之后，有人依然停留在原地，有人已经迭代升级。”

想“超车”，就得换挡、给油！

难得的“学习”期

前面“超车”说的是课业学习，这里说的学习，是利用这难得的时间，让孩子学习一些课本以外的知识和能力。当然，很多孩子过往学的绘画、钢琴、书法、围棋等等，一定都在巩固练习中，不太会荒废，因为那里面毕竟有爸妈的血汗钱。在疫情肆虐的今天，让孩子了解一些卫生常识，养成良好的卫生习惯；通过正反两方面的事件，让孩子懂得“国”与“家”的关系，我们戴口罩、宅在家的暂时不便，既是为了自己的健康，也是国家的需要，让孩子开始树立国家及公民意识；还有责任、勇气、自律、感恩……很多很多，都是在这特殊的时期、特殊的环境氛围里，可以有意识地引导孩子学习、培养的。

看到有妈妈发出“快憋出犄角的娃，在练习擀皮学习包饺子”；看到有奶奶发出“我来给爸妈、妹妹做早餐”；我孙子说“小时工阿姨来不了，我来清洗一下抽油烟机”。好像孩子瞬间长大了！多好的契机，爸妈放手让孩子学习做家务，不仅培养了孩子的动手能力，而且学会了关心家人、心疼父母，并占用了他刷手机看电视的时间，一举多得，何乐而不为呢？这也是一种学习，而且可学、可做的事情很多，关键还是需要父母的有心和用心。

我想对爸爸妈妈们说，关注疫情——没错！但咱们除去做好自己、管好家人，不给社会添乱，还能做的不是在那瞎焦虑、乱转发一些不经核实的小道消息，甚至帮忙传播假新闻和谣言，而是把更多的关注放到自己孩子的教育上，因为疫情再长也是短期的，而你孩子的身心健康成长却是一个漫长的过程，需要父母的时时关注与关心！

2020年2月14日

坚持案例7

“关老师聊教育”在小红书平台开讲啦！

这是2022年3月，我已逾古稀之年。我的开讲文案是这样写的：

> 40多年深耕教育事业，走下讲台后，著书、讲座，为老师、家长和孩子们传播我的教育理念，有一定的影响力，得到众多家长和老师朋友们的肯定。愿意借助小红书这个平台，帮助到更多的家长和孩子们！

自那天起，我就像上足了劲儿的发条，几乎是每天都要发一条视频，用我的教育经验、教育理念和我亲身经历的教育案例，给家长们讲“走进孩子内心，可以避免很多不必要的焦虑”，“避免孩子手机成瘾的主动权在家长手里”，“每一个孩子都渴望被理解”，“你在和青春期的孩子较劲吗”，等等。直到结肠癌发生转移，化疗的副作用把我打倒，我才放慢速度，至今也已经130多篇视频笔记、近4万粉丝、近7万点赞收藏——这对于我一个第一次在自媒体平台上露脸发声的退休教师来说，是一个极大的满足，因为我确确实实帮到了一些孩子、家长乃至家庭，而且收到了很好的反馈。就在最近发的一篇《学霸？学渣？平凡就好！》，一天之内达到5万浏览量，安抚和改变了很多焦虑、困惑中的妈妈，给予我莫大的欣慰！当然，在这一年多的时间里，也被拍过板儿砖，甚至被谩骂、侮辱过，心里肯定有过不舒服甚至愤懑，但不等我反驳，粉丝们就纷纷回击和宽慰我，让我别搭理这些蹭热度的“黑粉儿”，我心释然，继续坚持。也有提出自己不同观点的，只要是善意的，我会带着讨论的心态予以回复。比如曾经有一位家长提出：“你说管理情绪是妈妈们的必修课，难道爸爸就不需要管理情绪吗？”我告诉她：“教育和陪伴孩子确实是爸爸妈妈共同的责任，但现实情况是，后台有统计，看我小红书的99%是妈妈，所以我只好有针对性地给妈妈们提个醒，我真心希望爸爸们也能走近我，我再专门讲给他们听。”还有一位家长提出：“孩子压力那么大，仅仅是家长、老师的原因吗？跟教育、社会没关系吗？”我的回答是：“当然有关系！但是咱们管得了吗？”很多人问我，教育今天这么卷，你一天到晚讲讲讲，累不累呀？有用吗？我的回答是：“整个教育不是我考虑的事，我也没有这个能力！我尽自己微薄之力，能够帮助一个孩子，能够帮助一位家长和一个家庭，就值了！我做到了！”也有个别以小人之心度君子之腹的人，居然还是同行，问我：“你卖课挣钱挣疯了吧？”我鄙视她，不予回答，因为我的粉丝们都知道，我从不利用小红书挣钱，后台多次联系我，让我与商家合作，我也看到不少人在炫耀利用小红书月进5位数，但我从没有动过心，因为我只想干净、纯粹地做我喜欢的这件事！现在由于病情反复和化疗反应，我放慢了更新的速度，我忠实的粉丝们对我有祝福：“您是有大爱的人，我们都保佑您，身体一定会好起来的。”也有期盼：“希望您战胜病魔，早日康复，我们想听您的娓娓道来，我们需要您的教育引导。”这就是我坚持做下去的动力！

坚持案例8

就在快完成这本书的时候，我应邀参加了两期孩子们的暑期研学营活动，而且是上午服用完了最后一次化疗药，下午就出发了。每天跟来自全国各地的孩子们在一起，给他们上有关青春期的课，我坚持站着讲，不让孩子们跟我有距离感，但是两个小时下来脚肿得穿不进去鞋，无奈把脚面上的鞋袢剪掉了；做一对一的心理辅导，帮助青春期叛逆中的孩子认识自我，找对方向，很有成就。孩子们的积极反应更让我动容：一个很叛逆的大男孩，主动要求上台，专门为我唱了一首郑智化的《水手》，鼓励我战胜疾病；一个高三准备复读的女生承诺努力学习，让我等她一年后的好消息；一个山东大男孩在收到我送给他的一份激励后，回复我：**“谢谢关奶奶，刚才我把这段话看完了，我明白您的用意了，开学以后我一定严于律己，找到适合自己的积极向上的圈子，远离不良影响的圈子，我一定不辜负您的厚望，您的教导我一定会记在心里。感到幸运，我在这个年龄能遇到您这样的老师，您值得我永远敬佩。希望您的病情赶快好起来，您一直都在我们心里，祝您接下来的日子平安喜乐。关奶奶好好吃饭，我们都相信您一定会好起来！”**这，就是我坚持下来的充足理由！

小结

这一章的题目用了“坚持”两个字，我很怕你们误解为“不得不坚持”“无奈的坚持”“努力在坚持”，其实都不是！我想告诉大家的是，这个“坚持”是我生活中的常态，是自然而然的坚持，是乐此不疲的坚持，是乐在其中的坚持，这种坚持会给我带来愉悦，这种坚持会不断给我输入战胜疾病的能量，我宁愿倒在讲台上，不愿赖在病床上，我会坚持到我的“永远”！

第四章

回馈

当你不求回报、善良地对待他人，回报就在路上。——这是我患病两年来最真切、最刻骨铭心的体会！

几十年来，由于有**“做个好老师”**的初心作为支撑，我竭尽所能、全心全意对待每一个学生，也包括不是我的学生的求助者。那时候没有“知识付费”这个概念，没有报酬的意识，没有期待回报的诉求，有的仅仅是尽心、尽情、尽责，去帮助每一个需要帮助的孩子、家长乃至他们的家庭；还有就是我自身满满的获得感和成就感！曾经有一位正处在青春期的初二女生，与父母多次交锋，爸爸妈妈在焦虑中发现了我这根“救命稻草”，于是专程带着女儿来到北京，几次面对面的交流，小丫头被我征服了，不但平安度过了青春期，还扬言“我就听关老师的”。直到今天，学业有成且已经为人妻的她，从没有中断过与我的联系。就在我完成第三本书《9节课，教你读懂孩子》时，她为我的书写了推荐语：**“我不是关老师学校的学生，因为在我青春期最叛逆的时候，是关老师引领我走出了阴霾，走进了大学校园。关老师的教育宝典，开卷有益。——王宁坤”**这寥寥数语，在我看来，比当时付给我一笔咨询费，更让我欣慰！

记忆中当时也有家长想表达对老师的谢意。还有印象的是这两件事：一个外班学生，政治课怎么也不开窍，一考就是不及格，那时候中考政治也占100分呢，家长很着急，于是托班主任陆老师找我，请我给孩子“开开小灶”。单独补了几次课后，还真见了效果，中考84分对他来说已经非常不错了，家长很满意，于是委托班主任给我200块钱。我如果拒收呢，让班主任为难，于是我到银行以方征的名字办了一张活期存折，在学生毕业离校那天，让陆老师交到了孩子手里。还有一次，我们班在初二时转来了一个女生，爸爸在国外做生意，家里经济条件不错，可能是妈妈觉得转学插班给我添了麻烦，到我家里来放下了1000元现金。这在20世纪90年代初，对我来说已经算是一大笔钱了，可我没有丝毫犹豫，以家访为由，又原封不动地把钱送了回去。其实类似这样的故事不止这两个，至今说起来，心里都格外的坦然。

很多年过去了，从没奢求过学生或家长的回报，但是今天，我必须承认，我的无私、真心、真情的付出，正在收获孩子们和家长的慷慨回馈——不曾料到、猝不及防、无时不在感动中！

回馈案例1

这是2021年结肠癌术后的记录并有感而发。

闯关日记

2021年4月12日—6月8日

自己曾经无数次地设想过，我有可能患上胃癌，因为我是多年的萎缩性胃炎；我有可能患上肝癌，因为生活中的不如意，心中郁结常常导致情绪低落；我还有可能患上心脑血管疾病或者肾病，因为我有10年的糖尿病史。无论如何也想不到的是，在70岁古稀之年，结肠癌会找上我，让我经历了一场人生劫难。习惯使然，术后第28天，以日记形式作个简单的记录。

◎ 4月12日

明天将赴内蒙古省呼和浩特市为少数民族教师做培训，行囊已打好，一切准备就绪。下午4点左右，突然右下腹剧痛，不能按压，不敢触碰，内心自忖：“不要是急性阑尾炎吧？”想到明天四五百少数民族老师的期盼，我不能爽约，于是没有去医院，家有消炎药，自行用药消炎，也没敢跟自己孩子说得太严重，怕他们阻拦我的内蒙古之行。

◎ 4月13日

叫了网约车到北京北站（原西直门站），赶上个二把刀的女司机，一口湖南话，一边开车一边通话，我问她：“你哪儿的人，说话我一句都听不懂。”她回答：“湖南人，我不认路，问老公呢！”我以为她开着导航，应该问题不大，没想到绕了一个半小时了，我已经看到西直门附近的标志性建筑了，她却越走越远，居然开进了中铝总公司地下停车库，被保安轰了出来。眼看我的高铁发车时间快到了，我心急如焚，自己用手机导航，看到了地铁4号线西直门站的标识，我当即下车，拉着行李箱一溜小跑，也顾不上肚子疼了，终于进站，还好没有误了车。我佩服自己的意志力和忍耐力。

到呼和浩特市下了高铁，出版社小朱接上我，送我到酒店。我到酒店后做的第一件事，就是上街找药店，初来乍到一个完全陌生的城市，边走边打听，终于买到了布洛芬缓释胶囊，消炎药和止疼药都有了，希望能够缓解我这几天的疼痛症状——我心中默默祈祷。

◎ 4月14日

上午、下午各3个小时的讲座——《让学生服，是今天的为师之道》。效果和反响一如既往的好，真切体会到了身处草原的蒙古族老师们的朴实与不易，突然有一种自我升华感——能够帮到他们，尽管身体不适，也值了！一天3次的消炎药和止疼药，不敢怠慢，但也仅仅是稍有缓解，尤其夜间，疼痛继续折磨着我。

◎　4月15日

休息，缓冲一天，虽然没敢活动，但疼痛依旧没有缓解。

◎　4月16日

换酒店，转会场，做第二场讲座。仍旧是6个小时，依然效果极佳，老师们纷纷要求合影留念，我不能拒绝，尽管肚子还隐隐作痛。回家后再翻看照片，白发苍苍的我，红色上衣，满脸慈祥，谁知道我那笑容可掬的脸掩盖的是多么难以忍受的痛苦！

◎　4月17日

高铁中午抵京，下午直奔医院。普外科怀疑阑尾炎，马上开出CT单子，临近医院下班终于拿到了结果，医生看后说了一句“还真有点问题”。然后医嘱：“明天去消化内科，做肠镜。”并马上开了增强CT的检查预约单。

CT报告影像学表现显示：**升结肠管壁明显不均匀增厚，周围系膜多发肿大淋巴结，子宫形态失常，多发等密度结节……**

影像学诊断：**升结肠管壁增厚，肿瘤性病变可能性存在，伴周围淋巴结增大，建议结合临床及内镜检查。**

此时内心开始忐忑。

◎　4月18日

由于对肠镜的恐惧，一直有抵触，这下好了，70岁老人不能做无痛肠镜，也只能豁出去了。但还是通过因教育结缘的孙大夫，联系到了我最信任的霍大夫为我做肠镜，而消化内科马大夫联系内镜室，为我安排了4月28日的肠镜检查。可以算非常及时了！一路有好人相助，感恩！

◎ 4月19日—4月27日

等待中，我的大心脏稍有忐忑，但心态还好，没有焦虑不安。

◎ 4月28日

没有麻醉的普通肠镜确实不好受。霍大夫一直非常和蔼地安慰我，我也努力坚持着，后来才发现，一向精明的我这时候就是一个傻老太太，大夫说没大问题，我信了；说就是有个息肉，有点大，做手术取出来吧，我也信了；当时让护士把外科大夫请来会诊，我还是没多想，还口口声声跟大夫说："有您这句话我就放心了。"外科大夫当时就开出了住院单，我依旧没明白，跟大夫说："取息肉是个小手术，咱们医院做没问题吧？"这时候大夫的表情有点异样，犹犹豫豫地表示"您跟家里人商量吧"。然后，儿媳妇追出去跟大夫说了半天悄悄话，这时候的我完全没有多想，还想安慰孩子，在车里跟儿媳妇说："没事，就在大兴医院做了吧！"把孩子逼急了，才说："您别自做主张啦！不是息肉，是肿物，咱们去301医院做。"傻到极致了吧！孩子们已经知道了病情的严重性，督促我马上联系熟人，力争早住院、早手术。其实我是极不情愿求人的，即使是曾经的学生，也不愿给人添麻烦。几经犹豫，一位曾经的学生家长、现在的好朋友一番话说服了我，她说："你平时从不麻烦他们，现在什么时候了？你放心，孩子们绝对不会冷落或者拒绝你！"于是，我向孩子们求助，因不便透露他们的名字，我称他们是我的贵人！恩人！

◎ 4月29日

做腹部增强CT，明天出结果。

◎ 4月30日

增强CT检查报告描述很细，关键诊断结果是：**回盲部管壁明显增厚，结肠癌可能，突破浆膜层可能……**

应该说不好的结果大局已定，但我内心仍旧将信将疑，过不了心里的那道坎儿——为什么厄运会降到我的头上？我自认为自己是个善良的好人，我尽力在帮助需要我帮助的人，自称“三乐老人”——知足常乐、自得其乐、助人为乐；我的信念是：不一定信佛，但做人要有佛心。我迁怒于老天的不公！

不过，这一天的好消息是，我的贵人（我学生的爱人）在临近下班之际为我开出了住院单，送到了住院处，静等通知住院了。我知道，我是幸运的！感恩！

◎ 5月1日—5月3日

孩子们为了让我放松心情，陪我到金山岭长城脚下，住进酒店，玩了3天。孩子们陪在身边，我一边努力说服自己放松，一边还是不停地纠结，挺煎熬的。

◎ 5月4日—5月7日

在焦急、忐忑中等待医院通知我住院的消息。

◎ 5月8日

大约晚上9点半，我接到医院电话通知，有一个床位，明天可以住院，需要现在马上去医院做核酸检测。没有丝毫犹豫，儿媳妇开车带上我，直奔301医院。虽然过程很复杂，但有学生的提前铺垫，一切顺利，我和儿媳妇都做了核酸检测，只待明早入院——我看到了希望。再一次感恩！

◎ 5月9日

办理住院手续，抽了7管血，补做了一个胸透，因疫情期间管理严格，家人实在无法在医院陪我，提前请好了护工。一切准备就绪。

◎ 5月10日

被推进手术室时，我都很佩服我自己，不紧张，不害怕，麻醉前和大夫、护士侃侃而谈，还给人出主意孩子上哪个学校呢！麻醉后的一切就都不知道了。4个小时后被推出手术室，非常清醒，看到了守在门口的儿子儿媳、学生家长和帮我的学生。谁也没有想到，我居然提出了“给我拍张照片”的请求。可能是因为从一开始我就计划把我的这场劫难做个记录吧，所以留下了一张身上插满管子、吊着输液瓶、眼睛还没完全睁开，却用中指、食指做着胜利手势的照片。

◎ 5月11日—5月18日

真正的痛苦开始了，详情不再细述，噩梦一般。但在住院期间我的表现非常棒，绝对听大夫、护士的话，让下地活动、要求咳痰，我都忍痛去做，护工小李多次表扬：“阿姨，你真勇敢！”但有几个节点必须记录下来。

一、3次热灌注化疗。术后第3天安排了热灌注化疗，医生简单解释了一下：把水注入腹腔，物理加温到40°，加入化疗药物，停留1个小时，然后从引流管排出。会涨、会疼，但是没有副作用，不伤害正常细胞。属于自费项目，每次需要约1万块钱，要连续做3次。至于痛苦，得看不同人的承受能力和敏感度，有的人坚持不下去半途而废，有的人没什么感觉能睡着了。这时候想什么也没用了，就是一个原则——听医生的话、服从医生的安排！事实是，痛苦至极！肚子胀得无法忍受，药物注进去时的疼痛让我发抖，后背的汗把褥子都弄湿了，但是我硬是挺过来了！做完第一次，多了恐惧感，但无退路，必须坚持！我为自己点赞！

二、有一天情绪低落到了极点，是因为拔掉尿管后，频繁有尿却又尿不出来多少，那一夜起来8次，而且我自己不能动，频繁叫醒护工，我很不好意思，虽然说护工挣着这份钱，而且人家毫无怨言，一个劲安慰我，但第二天起床后心情极差，眼泪止不住，甚至后悔来治了，觉得活了70岁了，也够本儿了，何苦再来忍受这份痛苦！这是确诊后的第一次精神自虐。不过还好，自我调整一下就过去了。

三、拔引流管让我心惊肉跳。知道肚子里插着4根引流管，自以为在腹腔内也就最多10厘米，第7天，医生告诉我要拔出来的时候，既高兴也紧张，高兴的是再不用拖着4根管子了，紧张的是在拔的那一瞬间，那个洞口得疼一下，于是心怀忐忑躺在床上等着医生下手。医生动作很快，第一根拔出时我惊呆了，疼只是一下的事，没想到的是埋在腹腔里的管子几乎将近1尺长，吓死“宝宝”了！4根管子交叉在肚子里，太可怕了，最后一根扯出时，好像把里面的肠肠肚肚一下都拽起来了！我不由自主地大叫了一声。唉，不管怎么说，一切都过去了，明天出院。

◎ 5月18日—6月8日

出院回家了。尽管还很难受，刀口疼、行动不便、睡觉只能平躺、不能翻身。但是家里毕竟舒服踏实，尤其有孩子们的呵护和照顾，幸福感满满。这些日子我的食欲大增，有饥饿感，吃嘛嘛香，大便恢复正常，体重增加了2斤，拆线后能洗澡了，能出去在小区里散步了，一天比一天好，增强了我彻底战胜疾病的信心，甚至期盼自己能够重新站上讲台，继续为老师、孩子和家长们尽一份绵薄之力！

下一步的化疗也是一场战斗，就不再记录了。

最后，必须感谢在艰难时刻帮助我的很多人：

赵庆华护士长，每一个需要帮助的时刻，都是她伸出援助之手，她是我生命中的“贵人”！她的爱人曾经是我的学生，我前面写到，我接手那个“乱班”其中一个学生，中国人民大学毕业，现在是位成功的企业家，他曾经为我的书写过推荐语：30年前，就像今天我女儿的年纪，我有幸成了关老师的学生，是关老师引领我重新认识了自我，找对了方向，一鼓作气走到了今天。除了感恩外，我更敬佩关老师对教育事业锲而不舍的挚爱。读懂关老师，读懂关老师的书，受益者一定是家长和孩子们。——某上市公司董事长　赵永生

余强副主任，虽然是我曾经的学生，高中毕业考入医学院，但多年来没有联系，求助前心中略有忐忑。没想到是我的一场病让我们师生重逢，而且是那么尽心尽力帮助我，让我感恩并感动！我想说一声：“孩子，谢谢你，你是我生命中的恩人。”

好朋友孙金焕，已退休多年的老护士长，曾经的学生家长，后来成了好朋友。我的这场病让她替我操碎了心，住院前出主意想办法，给了我许多建议和鼓励；晚上10点做核酸，怕我不熟悉硬要骑车到医院来陪我；手术室门前，是她陪着儿子儿媳等候我出来；出院后又在经济上给予我帮助。这样的朋友，我值得交！感谢的话就不多说了。

我的好同事、好姐妹支老师和毛老师，我们是无话不说的老闺蜜，这次生病我封锁消息，瞒了很多朋友，但对这二位知己毫无隐瞒，她们从头到尾都是我的精神支柱，我实时报告病情，她们随时给我鼓励与支持。我们的目标是：待我痊愈后早日相聚！

还有太多太多我的学生、朋友、邻居、发小，包括微博上、小红书上的众多粉丝，都在关心着我，我始终心存感激！

最后，**特别要谢谢我的儿媳妇张婉华**。谁说婆媳是天敌？从我的病确诊那一天起，做检查、办住院、联系医生、办各种手续等等所有事都是她在忙，儿子虽然也请假不上班了陪在身边，但由于疫情，301医院管理非常严格，只允许一位家属进外科住院大楼，所以累全让儿媳妇一个人受了，我是既感激又心疼啊！出院后需要少食多餐，她悉心调理，鸽子汤、海参、蛋白粉、牛奶、鸡蛋，顿顿让我吃得有营养又舒服。两个孩子对我提出的唯一要求就是：什么也别多想，就是吃好、养好！就冲孩子们的这份孝心，我也要努力让自己尽快好起来！

这段日子朋友们跟我说的最多一句话是“吉人自有天相”。当然这是一种祝福、一种鼓励，但是我愿意相信！因为我曾经为孩子们的付出，他们都没有忘记，与其说“天相”或者“天助”，我更愿意大言不惭地说一句：“好人有好报！”

“爱出者爱返，福往者福来。”——我信！

好啦，《闯关日记》至此收笔。

回馈案例2

都说得了癌症的人自卑，我信，而且也有了亲身体验。

在确诊结肠癌后的很长一段时间里，对亲朋好友、同事同学，尤其是对我的学生们隐瞒病情，源于一个心结：怎么上天对我这么不公平？为什么让我得了这个病？我是个一直在做善事的好人啊！心底的那份痛和不甘时时袭来。病痛没有把我打倒，内心的煎熬却很久挥之不去。

呵呵，哪有不透风的墙！我曾经的学生们陆陆续续得到了“关老师生病了，癌症！”的消息。电话、微信的问候就不说了，一个个都提出要来看我，我一个个地拒绝。我心中的自卑作祟，总觉得“你一个癌症病人，谁愿意真心来看你？有点自知之明，客气一下得了”。可后来的事实证明，是我狭隘了！孩子们真的着急了，都想帮我一把，盼我早日康复！以前总听人说：越是在学校学习不好、经常捣蛋、总挨批评的同学，长大后越记得老师；而学习好、老师多有偏向的所谓好学生，都是“白眼狼”。可是在我这儿，这个说法，是不存在的。因为每一个学生回忆起来，都会说：“关老师，您那会儿对我特好！”

记录几个记忆碎片为证。

※ 一位在新加坡工作、事业有成、几十年没有音讯的男生，在小红书上看到了我生病的消息，打来电话问候，要转钱表达心意。说良心话，时间太久，我绞尽脑汁搜寻，也想不出他当学生时的模样。但是他的一句话令我感动：“在所有老师中，我就记得您，您对我们特别好。”

※ 学生崔岩，他在我结束一天的化疗后，专门开车到301医院接我回家。路上邀请我暑期去北戴河阿那亚疗养，把自己本来可以租出去挣钱的

民宿给我腾出来，告诉我："那是咱们家自己的，您愿意住多久都行。"这件事让我感觉不可思议，因为就在这几天，儿子儿媳知道我化疗的痛苦，正在商议陪我去北戴河阿那亚住几天，散散心，可是也在犹豫，因为正赶上暑期住宿价位太高，也得合计一下。是巧合吗？这个邀请，跟我们的计划不谋而合。我感恩学生的馈赠，崔岩却在感恩我当年为他的付出！

※ 我的学生李岚岚，刚刚经历了人生剧痛——失去了母亲，而且母亲在经历癌痛的长期折磨时，作为唯一的女儿竭尽全力陪伴、治疗、照顾，直到把妈妈送走。悲痛还没有远去，得到我患癌的消息，她当即要求见我，甚至给我一种"刻不容缓"和"责无旁贷"的感觉。孩子明确告诉我："有什么需求一个电话打给我，我有经验了，随时可以帮到您。"此后经常联系我，给我建议和叮嘱，听说我化疗期间食欲不好，想吃大虾了，立马开车接上我，专程去海鲜餐厅让我解馋。我的感觉是——我又多了一个闺女。

※ 一个上学时的小帅哥，由于家里条件优越，不好好学习，家长找到我。我认真分析了他的优势：聪明、善良、本质不坏；但懒散、不求上进，生活上追求名牌，学习上没有目标。我跟踪陪伴了他3年，稍一努力，考上了县最好的高中，他父亲直言"没想到"。高中3年我不断给她妈妈支招，在我的帮扶和鼓励下，顺利考上了大学。以后的很多年也就不再关注和来往了。就在最近，这个帅哥，带着爱人抱着女儿来看我，数次的拥抱让我泪目，要给我红包，告诉我"工作了，这是我自己挣的钱"。尤其他知道我曾有放弃治疗的念头时，言真意切地嘱咐我："您一定要听医生的话，好好治疗，以后我孩子的教育还需要您呢！"这句话，是孩子给我的最大力量——增加了我战胜疾病的动力！谢谢你！

※ 3位曾经的学生相约来看我。两位女生拿着预订好的鲜花，还要留下红包，而让我觉得好笑又好气的是那个男生，平时粗粗拉拉、大大咧咧，那天要来看关老师了，不知道拿点什么，就直接跑到同仁堂药店，问售货员："我老师病了，癌症术后，该吃点什么补补？"于是抱着两桶灵芝孢子粉来了，花了不少钱，还不好意思地跟我说："不知道适合您吗？"我一个劲地责怪他瞎花钱。我知道，孩子们的情谊是真挚的，没有虚假，没有客套，我都心领了！

※ 石磊是3个娃的妈妈，但还在工作。在知道我的病情后，不容我推辞就跑来看我，我们聊了很久，聊了很多，回忆了她们在青春期时的种种趣事和我为她们操的心。在她自己的父亲跟我一样的病去世后，她仍然牵挂着我，时不时地问问我，有什么需求？想吃什么了？我的心好暖啊！

※ 化疗的痛苦不是亲身体验是不会了解的。当经历了14次痛苦的化疗后，医生告诉我："需要换药了，使用二线药您就不要注意形象了，会掉头发，脸的皮肤会变黑，胃肠反应会更强烈……"我当即表示拒绝治疗，没有尊严、没有质量地活着，我宁愿死！医生在无奈的情况下推出了三线药，原装进口，副作用小，但不能走医保，完全自费。我虽然答应了，其实心中很忐忑，因为不知道自己的经济能够支撑多久！这时候又是我的企业家学生鼓励我："关老师，该治就治，该用什么药就用，有需要我接着您。"——这句定心话让我鼓起了勇气。

※ 自己曾经因为得了这个病而沮丧，认为自己是最不幸的人。但是两年后的今天，我的意识和观念在不知不觉中悄悄发生了改变，我活得通透了，乐观了，承认自己是个幸运的人而愿意积极配合治疗了。我的幸运，

用儿子的话说的是："有针对您这个病的药和治疗方案，就值得庆幸。"可是我要说的是，有那么多亲人、朋友，尤其是学生在关注、关心、关爱我，不断给我增强战胜病魔的信心和勇气，才是我最大的幸运！

我经常扪心自问：我关承华何德何能，劳烦这么多人关爱和牵挂？也常常有人回答：这些都是您付出的回报！

回馈案例3

我曾经帮助过一个9岁男孩和他的家庭。下面是当时我做的个案记录。

2017年12月13日　来访者　侯女士

自述　儿子，8岁半，小学三年级，目前现状：学习懒散，经常感觉活得没意思，有轻生的语言，对爸爸有敌意，严重依赖姥姥。妈妈怀疑孩子心理出现了问题（讲述了大量具体事例）。

侯女士自己分析的原因　1. 一年半前妹妹出生，他不接受，认为爸爸妈妈不爱自己了；2. 二年级时，由于老师嫌他字写得不好，把他的作业本撕碎扔到地上，让他自己捡起来，他感觉受到了侮辱，开始与老师作对；3. 姥姥姥爷的溺爱。

我的初步判断　孩子在心理和行为上确实出现了偏差，已经不是厌学和男孩子的淘气那么简单了。家庭教育氛围的不正常是主要原因：爸爸妈妈作为在北京打拼的外地人，小有成就，有自己的公司，已经在北京立足并买房。姥姥姥爷把外地的房产处理后投奔了女儿，已经共同生活了14年，把外孙子一手带大也同时惯坏了他。爸爸自感在家没地位，曾经抱怨“这家的户主不是我，也不是妻子，而是姥姥”。姥姥的掌控欲很强，妈妈明白，但左右为难。

我决定接下这个孩子的辅导，还不满9岁，还来得及。

说心里话，最初我有些忐忑。但出乎我意料的是，晚上妈妈电话告诉我，孩子看见我的书《别和青春期的孩子较劲》，非常兴奋，主动提出“要见这个奶奶”，还说“终于有人管你们了”。第二天也心情大好，期待与我的见面。为了让他放松心情，我让他自己选见面地点，而且告诉他要见的是奶奶不是老师，于是他选了必胜客餐厅。

2017年12月14日　接受辅导者　乐乐

第一印象　很帅、很精神的一个小男孩，很懂礼貌，语言流畅，爱说，不封闭，交流没有障碍。（非常好的前提）

自述　对爸爸有意见，3岁和7岁分别挨过爸爸的两次打，至今还记得；爸爸有时间在外边陪哥们喝酒，很少陪自己，但最近有进步，爸爸工作很辛苦，不注意自己的安全和身体（这完全出乎我的意料）；妈妈爱妹妹多，爱自己少了，回家总看手机；对姥姥一方面表示依赖，离不开，另一方面让我没想到的是，我在跟他妈妈交谈时，提到我给报社写过的一篇文章《咱们的孙子是他父母的孩子》，是开导老人放手的内容，这时候他却提出：“您把那篇文章给我姥姥看看吧”，说明他也觉得姥姥管得有点太多了。

诊断　比他妈妈介绍和我预想的要稍好些，没有严重的心理问题，孩子自己很明白，但在放纵自己，有了妹妹以后的争宠和心理不平衡是暂时的，是好解决的。但是姥姥的溺爱和爸爸的缺失是问题的关键，根源在于姥姥过于强势，时时表现出看不上爸爸，人为地给父子俩之间设下了障碍却不自知。妈妈也希望姥姥撤下，但又不敢明确表达。所以，症结的核心找到了：姥姥退出，爸爸上位，还原一个正常的四口之家，我也好指导爸爸妈妈对孩子进行教育与调整，否则一个字——难！

我真为这个孩子着急，为这个焦虑的妈妈着急，为这个家庭着急，于是迫不及待地约请孩子的姥姥见面。临行前儿媳嘱咐我：东北老太太可厉害，您说话要注意。

2017年12月15日　约谈者　乐乐的姥姥（58岁）

第一印象　很年轻，不是想象中的老太太，很热情，愿意并急于与我沟通。

老人诉说了自己14年来为这个家、为女儿、为外孙子的付出，一肚子委屈。我在表示理解的同时，现身说法，以我自己带孙子时的烦恼与醒悟为例，提示她两点：一、女儿女婿一家四口是一个独立的家庭，您和老伴也是一个独立的家庭，现在是您过多地侵入了女儿的家庭，尽管是好意，时间上、体力上帮助了他们，但教育上出现了偏差，心理上造成了伤害，实际上是帮了倒忙；二、如果一定要跟孩子生活在一起，能不能做到"三别"：别摆老谱，别抱委屈，别求回报。说起来容易，真正做到很难，她自己也承认。所以我建议两位老人出去旅游，走上一两个月（其实女儿早就有这个打算），试试这个四口之家离开咱们能不能活，40岁的女儿女婿也该会独立生活了。

将近两个小时，苦口婆心，似乎被触动，也表示可以走，但我不乐观，她与外孙子之间的相互依赖，已经到了成瘾的地步。

下面记录李乐妈妈随后的两条微信：

◎ 15日晚19：45

姥姥担心现在离开他，他要期末考了。我说现在成绩不是我最关心的问题，我要他好，要成为心智独立的孩子。担心马上到寒假，各种担心，担心我年底工作忙。唉，姥姥替我操心太多了太累了！等他爸回来看看他爸意见。

◎ 16日14：17

今天上午乐乐10点奥数下课，回来开始写作业。刚写没有10分钟，姥姥来了，他就开始耍脾气，不写，不学习，要退学，各种折腾。我说他，就给姥姥演戏，姥姥还去哄他。后来我给领走了，出了家门就好了。

两条微信佐证了我的判断：对姥姥所做的工作没效果，如果姥姥不撤出，对孩子的教育和改变很难!

2017年12月18日　约谈者　乐乐的爸爸妈妈

今天主要是见李乐的爸爸——这个家空挂名的男主人。根据孩子、妈妈和姥姥只言片语的介绍，给我的印象是，这个男人抽烟喝酒、不管家、打孩子，甚至我问过乐乐妈妈“你丈夫是什么学历”，因为感觉素质不那么高。但是当我们坐下来交谈时，完全颠覆了我原有的印象。这是一位典型的“北漂儿”，是事业有成的“北漂儿”，大学毕业后靠自己的打拼，有了自己的公司，做了老板，并在北京立住了脚，爱人既是青梅竹马，又是大学同学，乐乐跟我说过“爸爸妈妈很恩爱”，有一双非常可爱的儿女，这本应该是一个多么幸福的家庭啊！

我们的交流从爸爸的诉说开始，很平和、很有条理地讲述了他对乐乐目前问题的看法，归纳起来有三点：一、孩子没有心理问题（和妈妈的观点不一致）；二、只是有了妹妹以后心理有落差，与妹妹争宠；三、姥姥姥爷溺爱。很明显，这位父亲完全没有意识到自己的问题，没有意识到在孩子成长过程中，父亲这个角色的重要性。我就此提出了我的看法：

首先，关于与妹妹争宠，是因为爸爸妈妈、姥姥姥爷围着他转了7年，在这个家里他一直处于绝对核心的地位，自我与自私意识已经形成，容不得别人分享。但这只是一个阶段性问题，随着年龄的增长，随着与妹妹的亲密接触，尤其是爸爸妈妈合理地分配给予两个孩子的爱，逐渐将不是一个问题。

其次，爸爸在家庭教育上的缺失，是一个非常严重的问题。由于老人的强势，由于姥姥把外孙据为己有，由于姥姥、妈妈在孩子面前自觉不自觉地对爸爸的指责甚至贬低，使得孩子与爸爸之间有了隔阂，形成了与姥姥越亲与爸爸越疏远的局面，不愿与爸爸多接触，甚至不愿回自己家睡觉。可喜的是，孩子在与我的交流中表示，从内心里是渴望爸爸的爱抚，希望爸爸多陪陪自己，而且明确说“那样我会更爱爸爸的”。可悲的是，爸爸没有意识到孩子对自己的抵触，虽然有老人的因素，但自己的不作为也是一个重要的原因。

再次，老人对孩子过分的溺爱，对家庭生活过界的管理，对家庭教育的过多参与，是孩子出现种种问题、爸爸逃避、妈妈焦虑的根源所在。尽管老人表示不接受我这个观点，但是我坚持认为，在他们家，祖孙依赖已经到了成瘾的地步，只要说到让姥姥离开，哪怕是一段时间，或者仅仅是让他回自己家睡觉，孩子就会哭闹、耍赖，甚至以不上学，甚至不活了相要挟；而姥姥受苦受累落埋怨，也绝对舍不得离开外孙子，坚信离开自己，他爸妈就带不了这孩子，不断给孩子灌输“你爸不行、你妈太累”，告诉孩子“今晚你爸要打你，你打电话给我”，可笑的是，电话铃一晚上没响，居然跑到女儿家楼下徘徊，纠结“该不该上楼看看”。连女儿都说，不是孩子有病，是我妈有病了。

归纳下来，阻碍孩子正常成长的焦点与核心，主要在老人这里，我劝她出去玩玩，放松一下自己，散散心，给女儿女婿的四口之家一个独立生活的机会，毕竟快40岁了，不能总依赖父母了，退一步说，您走上一个月，考验他们一下，他们过好了您以后也省心，万一过不好您再回来帮他们（女儿女婿也是这个想法）。但是，行不通！我也无奈了。

最后，我给的建议是：1. 夫妻俩在孩子面前相亲相爱，教育口径一致，不互相拆台。2. 爸爸及时补位，尽可能地抽出时间陪儿子，陪学习、陪玩儿、陪聊天、陪打闹，把严父的面孔收一收，拉近和孩子之间的距离，让孩子对爸爸有亲近感。说白了，就是要和姥姥争夺孩子的感情和亲情，有点残酷，但也实属无奈之举。3. 我会继续跟踪、引导孩子，帮助孩子回归正常的成长轨道。

2017年12月21日　对孩子进行第二次心理辅导

妈妈告诉我，孩子在两天前就提出：“这礼拜还能见关奶奶吗？”得到肯定的答复后就又开始兴奋了，今天早上上学前又叮嘱妈妈："放学接我去见关奶奶。"这是个好兆头，因为他不拒绝我。

我们见面的第一个礼节是"拥抱"，让孩子知道关奶奶爱他。然后孩子的第一句话让我既意外又惊喜，他说："您以后不要凶我爸爸了，我爸爸进步可大啦！"（第一次见面可是他求着我教育他爸爸呀。）孩子多么容易满足啊！然后我们交流了4个问题：1. 这星期过得怎么样？孩子回答很好，没什么不高兴的事，再一次表扬爸爸陪伴自己，尤其重要的是回到爸爸妈妈的家里住了，这是非常重要的一步。2. 聊聊妹妹，兄妹二人相差7岁，告诉他由于有了妹妹，他的家庭是最完美的，儿女双全，兄妹成双，令多少人羡慕；另外，谈到男孩子在家里的地位，以及如何保护妹妹，让妹妹为有个哥哥而感到骄傲，逐渐走出争宠的心态。孩子表示接受。3. 这星期跟班主任老师发生点小冲突，分析了自己的问题，准备写一个道歉的小纸条夹在作业本里。4. 这一星期跟姥姥在一起的时间少了，姥姥有点不能接受，每天在闹情绪。希望他能够从中做些安抚和调解工作，孩子表示愿意，并拿出方案：告诉姥姥快期末考试了，需要妈妈帮助我复习。

总之，这一星期孩子与爸爸在共同进步，效果不错。但还不能掉以轻心，一来孩子的情绪还有可能出现波动，二来也是我最担心的，周六日要去姥姥家住两晚，姥姥姥爷很有可能又会给孩子一些负面影响，这会是很糟糕的。唉！

2017年12月23日

老家有老人去世，妈妈和姥姥姥爷回乡奔丧。经历了痛苦的纠结，孩子最终同意了妈妈离开，虽然连来带去不足24小时，但爸爸第一次独自承担照顾俩孩子的任务，对这爷俩都是个考验。晚上妈妈出发后，我跟孩子通了电话，告诉他我可以去他家替妈妈照顾他，但是快9岁的小男子汉，需要吗？他马上表示“不用了”，于是我借机教给他：如何照顾妹妹，如何让妈妈放心，如何转移思念妈妈的心情。孩子非常好，明显进步；爸爸把握好这次和儿子独处的机会，拉近和儿子感情上的距离，对孩子的成长进步一定有好处。但愿姥姥姥爷暂时不要回来，在老家住一段时间。

2017年12月27日

孩子主动提出要见我。这是我和孩子的第三次见面，前两次都是星期四，我本想如果没什么大问题就不用频繁接触了，没成想星期二晚上就提出“要见关奶奶”的要求，于是就有了今天的见面。针对他不爱看书的问题，我把孙子看过的《丁丁历险记》借给他，希望他从图文并茂的书看起。

由于前一阶段的折腾，期末考试成绩很不理想，鉴于他爸爸妈妈课后没时间陪伴他完成作业，我凭借自己的面子，好不容易做通了一个不错的托管机构收下他，因为他曾经在那里闹腾，人家拒收他，经与他约法三章后，每天下午放学后由老师陪伴他写作业、补外语、学奥数。爸爸妈妈只能用钱来作为代价了。

好久不找我了，这是个好现象。

到三年级期末考试，成绩突飞猛进，**数学98，语文89，英语85**（一贯以来的英语成绩都是三四十分啊）。

我给他发了一条微信：

乐乐，今天妈妈和朱老师都分别向我汇报了你的期末考试成绩。关奶奶首先祝贺你！这次考试我看重的不仅仅是分数，首先你没有让关心你的人失望，其次你让看不起你的老师同学对你刮目相看，更重要的是，增强了自信心，从此坚定一个信念：我行！我能行！我不比别人差！但是随着升上四年级，知识量和难度都会加大，千万不要因为这次考好了而放松自己，一旦不努力，成绩掉下来也是一瞬间的事。乐乐，关奶奶看人从不走眼，从见第一面我就看好你，继续加油吧，有那么多爱你的人在陪伴你！

到此我已经放手了，孩子基本走上了正轨。

我的个案记录虽然没有再继续写下去，但是孩子一直在我的关注中，经常跟他妈妈通气，随时了解他的状态。由于户口的原因，六年级转学到了海南，在一个人生地不熟、语言交流都有困难的一个陌生环境里，只有姥姥陪伴在身边，真是够难为孩子的，反正我更多的是心疼！2022年端午节，利用3天假期乐乐回到北京，得知我生病并曾经有放弃治疗的想法时，孩子提出见我。就在离家准备去机场那天的傍晚，孩子背着行囊来到了我的面前，拥抱了我，说了一番让我当时就热泪盈眶的话：**“关奶奶，您一定要坚持治疗，有您在，能挽救多少像我这样的孩子，能挽救多少家庭啊！您还得看着我长大呢！”**（此时写到这儿我又泪目了）天色暗下来了，看着13岁的孩子渐渐远去的背影，我暗自思忖：作为一位老师，我们需要什么样的回报？孩子的这一番话，是对我工作与付出的最高评价！同时也赋予我与病魔抗争的最好动力！孩子，谢谢你！

回馈案例4

有贵人相助，新冠病毒感染期间，我捡回了一条命。

我本善良，所以交下了不少善良的朋友。一次到人民医院耳鼻喉科开药，人很多，我等了1个半小时，开药其实就是几分钟的事，这时候医生说了一句："阿姨，您以后如果就是开点药，不用等那么长时间，挂好号直接进来找我开就行。"我当即被感动了。一个素不相识、其貌不扬的白发老太太，能够得到医生的"特殊"关照，当时的心情简直可以用"受宠若惊"来形容。我是个懂得感恩的人，了解到他有个上小学的儿子，于是我把我的新书《9节课，教你读懂孩子》送给他，从此我们就结下了不解之缘。在以后的交往中，无非是孙大夫在教育儿子的过程中，有点疑问或者困惑，我给一点建议、提醒或指点而已，并没有帮上什么大忙，而且我特别注意的一点是，没有急事不打电话，尽量微信沟通，因为考虑到人家是医生，也许正在给患者看病，也许下夜班正在休息，不能轻易打扰。是来势凶猛的新冠疫情，让我第一次拨通了孙大夫的电话，正是这通电话，孙大夫救了我一条命。

我忽视了自己是癌症患者，正在化疗期间，免疫力极低的事实，在新冠病毒感染退烧后就自认为没事了，虽然一直在咳嗽，也没太当回事。又该到肿瘤医院抽血化验了，顺便做了个胸部CT，没想到胸片一出来，把我的肿瘤主治医生吓坏了，她把我扣住不让我走，并且马上打电话叫来了我的儿子儿媳，告诉他们"情况非常凶险，一分钟都不要耽误，马上入院治疗，否则有危险"。我感动于医生的负责任，因为她只是我癌症的主治医生，我的肺炎她完全可以一推了之。2022年12月下旬，正是北京新冠病毒感染最严重的的时候，叫了救护车，但等了3个小时没到。我自感不对，主动提出让孩子开车送我去医院急诊，车走在半路上，也许是冥冥中求生的欲望，鬼使神差地拨通了孙大夫的电话，简单说了我的状态，求他帮助。孙大夫毫不犹豫地告诉我："别着急，马上联系医院。"两分钟后电话打过来："您手里有胸片吗？在车玻璃上拍照马上给我发过来。"片子发过去，我们人也到了医院急诊科，我的血氧已经降到了89，开始憋气，血压、心率都升高了，这时候孙大夫已经给我安排好病房，直接住进去输液、吸氧、化痰、抽血等，开始一系列及时的治疗，我心里踏实了，知道自己有救了！住院期间，孙大夫嘱咐我："您就踏踏实实住着，不要着急出院，肺炎很不好恢复，一定要完全好了再出院。"这时候我才知道他没在北京，这一番操作全是在电话中进行的。其实当时孙大夫有多个理由拒绝我：我是耳鼻喉科医生；我此时在外地；医院病房紧张等等，但是他没有。出院后我做了两面锦旗，一面是给肿瘤医院的武馨医生："医者仁心，用爱挽救生命"；另一面是送给为我治疗的病房全体医护人员："医者仁心，大爱无疆，你们辛苦了。"而对孙敬涛大夫，我却没有刻意回报，因为我们之间有了一种家人的感觉！

听起来像个感人的小故事，其实是个发生在我生命中的真实事件，它再一次告诉我：不求回报的善良，回报就在路上。

回馈案例5

化疗和养病的整个过程，痛苦并无聊，还好的是我有事干，还有很多好朋友，而这些朋友中不乏我的学生家长。例如前面提到过的那位退休护士长，对我的牵挂无时无刻，对我的帮助大小无数，其实就是因为孩子是从我的班里考进了大学。我有自知之明，学生是凭自己的努力实现了自己的目标，满足了家长的期望，可是他们却常怀感恩之心，让我惶恐。还有清华大学毕业，又取得硕士学位的崔岩，我多次当面强调“你考上清华大学跟我没有半毛钱关系”，可是他的妈妈田女士却坚持认为是我成就了他的儿子，一直对我关怀备至，关爱有加。电话里听到我癌细胞转移的消息，当时就哽咽了，随后在经济上帮助我，化疗间歇期把我接到顺义农村的小院，指导我站桩练功，让我吃她自己种的新鲜蔬菜，我俩同岁，她为我操劳，却让我过着饭来张口衣来伸手的日子，都是为了安抚我的心情，让我心无旁骛地养病。我时常在自问“我凭什么？”，但这种回报时时刻刻都在温暖着我。

回馈案例6

说到去顺义农村田女士的小院过接地气的田园生活，就必须还得说一位对我百般呵护的孩儿妈张桂凤，每次从我家大兴到顺义，都是她车接车送，而且是召之即来，随叫随到，那我为什么不说是学生家长，而是用了“孩儿妈”的说法呢？因为她的两个儿子都不是我的学生，可是这两个孩子的成长，跟我有关系。所以张桂凤永远说我是她孩子的老师。

我们的相识源于我的第一本教育作品《别和青春期的孩子较劲》。作为两个调皮捣蛋男孩的母亲，当时的她是位全职太太，全身心都放在照顾和教育两个儿子这件事上。虽然她自己文化程度不高，但是在教育儿子问题上特别上心，而且肯学习，可是毕竟不懂教育，加上他们原生大家庭有些不良影响，所以俩儿子问题多多，使得这位全职妈妈焦头烂额。一次在书店偶然发现了我的书，刚一翻看就把她吸引住了，用她后来跟我说的话，就是“您说得太好了，简直说的就是我俩儿子”，于是下决心要找到我，当面请教——可怜天下父母心啊！又找学校，又找出版社，总算拿到了我的联系方式，一个电话打到了我家里。说心里话，当时并不十分愿意直接与家长对话，于是告诉她，下周日我在北京王府井新华书店有一场讲座及签名售书活动。没想到，当天这位执着的妈妈带着两个儿子准时来到会场，活动结束后直接开着车把我接走了。后来回忆起当时的情况，我开玩笑说“就从那天开始，你就赖上我了”。这一晃20年过去了，她这两个不爱学习的“熊孩子”，几乎成了我的直属兵，说三天两头找我都不过分，她解决不了的问题都得我出面，值得庆幸的是俩孩子给足了我面子，她的二儿子初中没毕业就送出国学习，临走前我送他八个字“安全、健康、努力、坚持”，这个混小子说“只有关老师的话我听，其他人，包括我妈的都是‘瞎说’”。现在这个当年的混不吝孩子，已经学业有成，在国外工作干得不错。她的大儿子高中毕业后，听我的建议参军入伍去部队锻炼，3年归来，入了党，工作也不错，现在已经是两个孩子的爸爸。我赞赏张桂凤对孩子教育的用心和执着，她却把我视为亲人，时刻牵挂着我，竭尽全力关心我。过年、教师节、母亲节一定会收到她的慰问；我搬新家，她二话不说就买个书架送给我；在顺义小院居住，她不但陪着我，连洗脚水这些细节都替我打理好；我生病了，牵动着她的心；就在最近，得知我化疗用的药不能走医保，经济上有些拮据，不但自己出资帮我，还动员自己的儿子向我伸出援手，真让我诚惶诚恐。张桂凤也是50岁出头的人了，但是她永远像女儿一样关心和照顾着我。

如果当年按照现如今所谓“知识付费”的方式，我跟张桂凤就是一个利益交换关系的话，今天也就不会是这样的知心朋友。

我更珍惜用自己的真心、真情付出，换回的珍贵情谊！

回馈案例7

在一家商场偶遇曾经教了3年、近两年没有见面的高二女生圆圆，她兴奋激动地喊了一声：“关老师！”我们便紧紧地拥抱在了一起。我知道，她这不是一种单纯的礼节，而是一种情不自禁。她几乎不肯松开我，在繁华的商场里，在人们惊愕的注视下，她忘情地一次又一次地拥抱我，起码反复了五六次后，她妈妈也为这情景动容，赶紧用手机拍摄了下来。稍稍平静后我们互问了近况，道别时她再一次紧紧拥抱着我，依依惜别。一对普通的师生，怎么会如此动情？我心里明白，这是圆圆对我的真情回报——为了我曾经的真情付出。在3年的初中学习生活中，圆圆曾经患上了一种顽固的皮肤病，躯干、四肢、脖颈甚至脸上起一种粉红色的丘疹，奇痒难忍，父母亲想尽一切办法为她寻医问药，疗效却不明显。为了控制自己不去抓挠，她要求妈妈在晚上睡觉时把自己的手捆上。当时，我除去心疼她，给她以关心和安慰以外，我更注意到一点，就是帮助她解除心理上的障碍与痛苦。圆圆本是一个肤色白皙、如花似玉的漂亮女孩，可是严重的皮肤病让她的脸庞几乎变了形，脖子上凹凸不平、疙疙瘩瘩的厚皮，还带着挠破的血痕，心理素质差一点的孩子都会拒绝见人，甚至放弃学业，可是她仍在顽强地学习，从不请假。我在感动之余也给予了她更多的爱、更多的关心和更多的照顾，我向同学们介绍了她的病情，讲述了她的痛苦，告诉同学们她这种病属于自身免疫系统的问题，没有传染性，号召同学们接纳、关心和帮助她，同学们的热情都被调动起来了，大家主动问候和安慰她，和她一起聊天、游戏，有的同学还回家向父母求助，帮助她寻找治病的偏方。看到身体上遭受痛苦的她没有造成心灵上的创伤，和全班同学愉快、和谐地在一起学习、生活，我的心情也轻松了许多。今天，正在读高二的圆圆皮肤病痊愈了，身体、脸上没有留下疤痕，但心中却存留下了一份感恩之情。

这次偶遇，那一声大喜过望、充满激情的“关老师”，数次的拥抱，那种依依惜别的场景，至今让我记忆犹新！这就是当老师的幸福啊！

回馈案例8

带了多年高中后，2001年我来到分校又当上了初中班主任兼年级组长，教育思路和管理手段都要进行适当的调整。因为毕竟孩子年龄小，自制、自理能力要差许多，但是有一个宗旨我始终不变，即：用真心、真情善待每一个孩子。而不久发生的一个事件，伤了我的真心，动了我的真情，引起了一场轩然大波。

事情是这样的：当时，根据《中学生日常行为规范》要求，学校及年级都有明确规定，不允许进网吧玩游戏。老师们不厌其烦地反复强调、反复叮咛，可是仍旧控制不住个别学生钻空子，放学后偷偷摸摸到网吧里去玩。作为年级组长，我是抓住一个批评处理一个，绝不姑息。由于我既是年级组长又是班主任，年龄又是最大的，自以为学生会由于尊重而更听我的，心想其他3个班都有进网吧的同学，唯独我带的四班没有发现时，突然接到学生举报：我们班有七八个男生也经常光顾一些黑网吧，沉迷于网络游戏。经调查属实后，我勃然大怒，一种受欺骗的感觉几乎让我失去了理智，气愤、恼火、伤心甚至羞愧交织在一起，我冲动地撩起衣襟，露出了腹部6寸长还没有完全长好的刀疤（做完胆囊摘除手术时间不长我就上班了），吼了一句“这个班我不带了！我的付出换不来你们的真心！”，便含泪冲出了教室。当时，伤心和委屈到了极点，班长的劝解，犯错误的学生哭着向我认错，我都没有接受。第二天，孩子们送来一首动情的诗，向我发出了真情的呼唤：

献给敬爱的您

四十八个对不起，
四十八个想念您——母亲！
四十八个等待您快回来！
这无数个日子，您与我们共度过，
您身带着伤痕，还用心讲着课，
母亲啊母亲，您快回来！
四十八个心灵在等待您，
一切的一切都是我们的过错。
虽然在现在，我们带给您伤害，
但我们坚信，在不久的将来，我们会带给您惊喜！
我们是那样敬爱您，
是那样想和您在一起度过这三年的金色时光。

记得您当初说我们有着稚嫩的脸庞，

您不想看看我们成熟后的脸庞吗？

我们是那样地需要您的滋润，

请您快回来吧！

这是诗吗？既不合辙也不押韵——但我被震撼了！这是孩子们的心声，他们担心甚至恐惧我离他们而去，这是远远超出师生之情的真挚情感。当学生们每人手捧一枝康乃馨迎接我回班时，我不能也不愿再拒绝，说心里话，我其实也离不开他们。回到孩子们身边，虽然又一切如常，该操的心、该生的气一点也没少，但心中的那份感动迟迟没有淡去，这是孩子们给予我的回报，我对孩子们的那份情、那份爱更浓了！

回馈案例9

我曾经被承德县一中和承德县实验小学聘请为顾问，在这两所学校有“关承华老师工作室”，所以与承德县教育结下了不解之缘。身体没出现问题以前，一年总要数次往返北京与承德之间，为教师培训，给家长讲家庭教育课程，给即将高考的学生们加油鼓劲，为有心理困惑的学生排忧解难。孩子们知道我来承德了，都争先恐后地到心理辅导室找我倾诉，最多时我一天要接待七八个学生。要说明的一点是：我参与的全部工作与活动，都是免费的，无论是对学校还是学生个人，都不要报酬，可是我干得还特来劲儿！

很巧，我北京的对门邻居是承德人，3年前儿子小升初，由于户口原因，父母犹豫再三，决定让儿子回承德老家读书，那么选学校就成了一个很关键的问题，于是家长求到我，想进入承德县相对好的一所中学。为了孩子，这个忙我帮了！细节不描述，总之孩子和家长的愿望我帮助实现了。随后按照人之常情，这对父母要对我表示感谢，他们是真心的，我毫不怀疑，因为孩子升学问题，对于一个家庭来说，是一件大事。我谢绝了他们的礼物，我觉得作为邻居互相帮助这没啥。3年来，我一直关注着这个少年，因为正值青春期，住校远离父母，这个学校管理特别严格，这些因素都使我略有忐忑，生怕他承受不住或者坚持不下来，这中间也确实有过情绪上的反复，我随时指导着他妈妈一一化解。这不，回报如期而至：中考成绩548分，顺利进入本校高中就读！我心里的那份满足和兴奋，真的不亚于他的爸爸妈妈，我又完成了一份教育使命。前两天见到一米八五、健健康康的大小伙子，欢喜油然而生，这就是我期待的回报啊！

回馈案例10

本是一件小事，但我看得很重。下面是我个案集中的一个微型记录。

调整

◎ 吴梦　女　某中学　高三

班主任介绍 聪明，学习成绩不稳定，有心理问题，有自杀倾向，曾经割腕。

第一印象 活泼，健谈，坦诚，跳跃性思维，起码不在抑郁范畴。

自诉 学习并不吃力，但没长性，看不起那些死用功而成绩比她好的同学，一受打击就不想学了，时常冒出放弃的念头。

第二印象　自以为成熟的单纯、幼稚，思维天马行空，行为具有冲动性。性格开朗，情商高，不封闭，愿意倾诉。

跟这位同学的交流非常顺畅，她表示今天认识我很幸运，因为她知道他们同学中有很多人想来见我，今天给了她机会，很兴奋。我们聊了她的目前状态和存在的问题，也聊了自己的发展目标和前途。时间并不长，但她表示信心满满，承诺不会再做“傻事”。只要有她信服的人关注她，随时给予调整，考上相对理想的大学，前途无忧。

跟我告别时给了我一个大大的、狠狠的拥抱，表现得依依不舍，这回是我被感动了。班主任告诉我，回到班里又主动拥抱了班主任（男老师），更加坚定了我对她的判断。孩子，我看好你！

一个拥抱的回馈，我心足矣！

回馈案例11

我与这所中学有着不解之缘。这个案例是学校的校长主动找到我，求得我的帮助的。

一个被校长看好的高二文科班女生，聪明，学习基础较好，在班里的成绩不说拔尖吧，也是名列前茅，用校长的话说“再努一把力，文科状元有可能就是她的”。可是就在这要劲的关口，她躺平不干了，闹小脾气，甚至不来学校了。正赶上我在当地，于是校长找到了我。其实那几天学校每天都会安排我见几个学生，给他们做做心理疏导，帮助孩子们减减压，也不在乎多这一个孩子，所以我们见面了。

第一印象　很短的短发，白白净净，戴眼镜，给我传递了文静的信息，但又有点男孩子的感觉。很直爽、开朗，善表达。对于我的拥抱给予了积极热情的回应——我有了征服的欲望和信心。

自诉 她上面有一个姐姐，在她很小的时候父母就把她送到了外地姑姑家，十几岁才回到父母身边。爸爸是一位基层领导，说话永远居高临下，指手画脚，她有抵触情绪。最近学得本来就挺累，爸爸的教训让她不耐烦了，于是干脆躺平，不学了又能怎样？可笑的是她在家还真就是躺着，把头藏在被子里，谁都不理。

我大脑迅速整理了一下，给出我的结论：

1. 小时候被送出去，留下了不被喜欢的阴影。

2. 在她需要更多爱的补偿时，爸爸的刻板、一味提要求、不会关心女儿的种种做法，激起了她的反抗。

3. 她是个争强好胜的性格，对自己有要求，甚至对跟自己成绩不相上下的同学很不服气，于是不只学得累，心里累，比得累，情绪进入了低谷。

4. 我把她戳穿了，其实她不是真的放弃学习，真的想躺平，而是找个借口，借机歇两天，缓缓劲儿，有台阶她一定会下。

结果 我就是那个给她台阶的人。经过我掰开了揉碎了的分析，很快被我说服了，我答应她做她父亲的工作，她答应我高考文科班进前三名，考入理想的大学。

回馈 交流后主动拥抱我，并要求合影留念。

重新回到学校全力投入学习。

高考成绩不错，考上了自己向往的大学。

去南方上学路过北京，专程来看我，给我带了一袋承德特产山楂片，我请她吃了北京烤鸭。

所有这些回馈中，我看得最重的，就是她考进理想大学，走出了人生重要的一步，我这个帮助没有白帮——这也是我的成就感！

小结

如果说我前面“征服案例”一个个真实的小故事，成就了我的价值感和成就感，那么这一章披露的“回馈案例”每一个真实的事件，则让我深刻地品味到了当老师、当班主任的幸福感。而且我这种幸福的感觉与物质无关，孩子们的一个拥抱，家长的一声谢谢，接受我培训的年轻老师们一句“关老师，我们爱您”，小红书上粉丝说的“关奶奶，您好慈祥”“偶然刷到您，我不焦虑了，跟儿子和解了，谢谢您的娓娓道来”等等，都令我感动，幸福感满满。可是现在咱们有个别老师接受家长的物质礼品，无论是各种含有价值的卡，还是价值不菲的所谓“小礼物”或“一点心意”，虽然满足了你自己的那一点点私欲，但我料定你一定没有我的这种幸福感，因为你在接受礼物时，并不是那么心安理得。刚刚看到一个媒体报道：某位家长，孩子小学6年，年年给老师送礼并记账，毕业季到来，她的孩子小学毕业了，这位家长拿着证据举报老师，让这位老师受到了教育主管部门的处罚。我首先认定，这是个案，没有普遍性，像这种家长心怀叵测的做法，一定是极个别的奇葩。但是，这位老师的悲剧是不是也有值得反省的地方呢？当老师的洁身自好，其实就是我所理解的——**不求回报的善良与付出。**

再一次重复：**“爱出者爱返，福往者福来！”**

第五章

遗憾

你如果看到这儿，应该会生出一个疑问：你的那么多案例净彰显你的成功了，难道几十年的教育历程，你就没有失败过，或者做过后悔的事情？你问对了，我一个凡人，从一个“三无老师”，一步步走到今天，经历了摸爬滚打，尝尽了酸甜苦辣，有过成功的喜悦，流过委屈的泪水，当然也留下了不少的遗憾，这些遗憾有的源于自己的能力不足，有的是因为当时的教育理念落后，也有的是光凭教育手段而力所不能及的。列出几个典型案例，供大家引以为鉴。

遗憾案例1

至今难忘一个山东美少年以及我的一个失败案例。一个15岁的山东男孩，被爸爸妈妈领到了我的面前，好可爱啊！圆头圆脑，白白净净，两只清澈的大眼睛，面带着微笑，完全看不出为什么千里迢迢到北京来求见我。爸爸说全家都很苦恼，束手无策了。他介绍说，孩子从小喜欢历史，看了大量的古代历史书籍，陷进去出不来了，与老师、同学格格不入，没有共同语言；与父母也无法交流，说话完全不在一个频道上，令父母心急如焚。由于偶然看到了我的《别和青春期的孩子较劲》一书，就把孩子当作一般的青春期问题孩子，送到北京向我求助。说实话，我也是第一次接触到这种类型的孩子，心里并不是很有底，但是又觉得一个15岁的少年，问题不至于像家长说的那么严重吧？可等与孩子一交流，我先懵了！他虽然脸上笑眯眯，一副单纯、善良、可爱的模样，但开口自称“朕”，然后拿出老师不给他打分的作文让我评理。我一看，满篇的文言文，虽然有点驴唇不对马嘴、生搬硬套之嫌，但也可以看出与同龄人相比，对古汉语的了解和运用略胜一筹。在与我交谈过程中，也是引经据典、滔滔不绝，向我兜售他所知道的古代历史事件，及他自认为理解的历史观点，我们的对话根本没有契合点，他在自说自话，完全不呼应我。尽管他说话的语气平和，不紧不慢，脸上还永远带着浅浅的笑意，但是他表现出来的自信、执着、坚定，让我感到了可怕——完全不像一个15岁的少年。在他的偏执与妄想面前，我彻底败下阵来。我毕竟不是专职的心理医生，自己的能力实在有限，于是建议家长去找心理医生做一个较长时间的心理矫正，因为这个已经在心理上误入歧途的孩子要得以救治，非一日之功可以见效果的。

这是一个青春期的极端案例。很长时间我都有一种挫败感，一是因为这个孩子的外貌外形给我留下了深刻的印象，真的太可爱也太可惜了；二是心疼他的父母，满怀希望而来却失望而返，我深感歉疚。

遗憾案例2

这是我《个案集》中记载的一个案例。

拒绝慕名而来的孩子或家长，对我来说是鲜有的，可能是责任感使然吧。但是这位北京重点中学初二准备辍学的孩子，只见了一面就被我拒绝了。

中间人介绍情况：父亲是留美博士，曾在驻外使馆工作，现为某大型企业高管。按照我的常规要求，见孩子前先见家长，了解第一手材料。这位高级知识分子先给了我一个“下马威”：约定好10点半见面，我10点提前到场，人家12点才到，而且是吃完午饭来的，我跟他谈完到1点半，一直饿着肚子。

孩子是北京重点中学初二年级学生。能进这所中学，或者学习成绩突出，或者家长有能力，而这个学生现在的诉求就是辍学或转学！开始给我的感觉是根正苗红，青春期有些许症状，可能问题不大。跟他的博士父亲一对话，当即感觉不妙：口气之大，自以为是，指责学校，既不反省自己的教育，也不认可孩子的问题，显然家长有问题！再见见孩子吧，老地方——我最钟情的言几又书店。

一位男士把孩子送过来就离开了，后来得知是他们家的司机。孩子给我的第一印象：狂妄、幼稚、无知！我们之间的对话就是这样开始的：

他：你怎么选这么个地方？（注意，面对满头白发的我，他用的是“你”）

我：这地方不好吗？我是这里的常客，经常来这里看书和接待同学们。

他：现在谁还看书啊？（一副不屑的表情）

我：不看书你的业余生活都干些什么？

他：打游戏！看美国大片！

我：刚才送你来的是谁？

他：我们家司机，平时我们家陪我的就是司机、保姆，还有家教，家教还得看我的心情，今天不高兴就让她走人了！

一个半小时的交谈，让我明显感觉到这是一个被三观不正的成年人和社会的不良风气严重侵蚀了的孩子，他满脑子就是我爸爸有权、有钱、有人脉，无所不能。甚至他要求得罪了他的同学要给他赔礼道歉，必须有同学的父母以及人家父母单位的领导在场，还要现场录像，可见狂妄至极！说到转学，我提醒他，你目前的成绩和表现，重新进哪所学校都有困难，他的回答是：你想多了，我想上哪个学校都没问题！也许真是贫穷与不识时务限制了我的想象，结果是他父亲凭借自己的人脉和金钱，让儿子转学到了一个非常不错、档次很高的国际学校。我们这次交谈（说是交锋更合适），没什么用，但是最后他明确表示服我了，甚至说“我们学校有您这样的老师我就不退学了”，看到桌子上摆着我的两本书，他主动提出能不能送给他，我当即很不客气地回绝：不能！他问：为什么？（没问“凭什么”已经不错了，平时没有人能拒绝他。）我回答：你忘了刚见面你怎么说的，你不看书！这时候他的态度缓和下来，说话的口气也不那么蛮横了，表示想看我的书，于是我顺水推舟地把书送给他了，他也知道双手接过来并说声谢谢。毕竟还是个孩子，在孩子面前我的心是硬不起来的。

我决定不再关注这个孩子，理由是他的父亲太过“强硬”，对孩子的负面影响太深刻，用我的正能量与他的家庭影响、争夺这个已经受伤的孩子，我能力有限。

离开许多孩子都在憧憬的好学校，希望不是悲剧！期盼他的转变与成长。

时隔仅半年，只知道这个被我拒绝的孩子在国际学校上学。前几天突然再一次接到这位父亲的求助，电话中的陈述是：

1. 孩子受处分了，被调出原班级，停课5天。

2. 原因是在楼梯上用手机拍女同学的腿，孩子不承认，**他相信孩子没有做**（这父亲就这样的认知？呵呵）。

3. 找美籍校长谈了，校长说还有两次违规乘坐电梯、偷偷使用手机等违纪行为。而这位父亲不厌其烦地给我**解释他儿子乘坐电梯的原因**。

4. 孩子不服，与学校领导顶撞、冲突。**父亲强调孩子受了委屈和冤枉**。

5. 按照孩子的要求，**校方要赔礼道歉，回原班级**。

唉！我首先是一声叹息——为这位成功人士的失败教育！

◎ **我的态度：**

1. 首先要承认孩子的错误。我完全能想象到孩子在学校的散漫，同学们都能做到不用手机、不乘坐电梯，因为这是学校纪律，而他却肆无忌惮，顶风违纪。有没有用手机拍女生，不能只听孩子一面之词。

2. 学校没有请家长参与处理，是孩子主动找父亲“摆平”，显然又是想利用父亲的权力来压制学校，让学校向他妥协，他的这种惯性思维已经根深蒂固了。

3. 不能再满足他转学的要求！

4. 与校方谈话必须避开孩子，不能给孩子一种“爸爸站在我一边”的感觉。

我没有顾及这位父亲的社会地位和职位，把话说得很明确，也很犀利，起不起作用？不知道了！

希望这位父亲今后不要再找我，我没有败给孩子，而是败在了这位有权势、有资本、有人脉、有能力的家长手里。但受害者终归是他的孩子！无奈！

遗憾案例3

这是我一辈子从教生涯中，最遗憾、最后悔、最自责的一件事。

20世纪70年代开始当老师，第一届学生只比我小11或12岁，那时候刚刚确立“当个好老师、好班主任”的初心，热情高，小心谨慎，循规蹈矩，但更注重的是认真负责。可是带过两届学生后，自认为有经验了，开始飘了，脾气急躁了，缺少耐心了，对于一些调皮捣蛋、屡教不改的学生，有时抬手就打！印象最深刻的是一个名叫李悦宝的男生，父母是工人，没什么文化，也不会教育孩子，又偏偏生了四五个男孩，一个比一个淘，就是不爱学习。一天早上李悦宝上学迟到了，我看他没来，在教室门口等他，几分钟后他慢吞吞地走到我面前，显然知道自己犯错了。我没有责备他，问他“是不是起晚了，吃没吃早饭”，得到答复后，我从兜里掏出1斤粮票2毛钱（那个时代买一个馒头或者一个饼子都需要2两粮票），告诉他“先去吃饭，回来好好上课”。看着他跑远了，我回到了办公室。第二节课，看到李悦宝在教室上课，我松了一口气。第三节是体育课，我溜达到操场边，看到队伍中没有李悦宝，同学们说他跑了，自己玩去了。嘿，我那股火噌一下就上来了，待到逮住他时，一个没控制住，狠狠地打了他一下，并怒吼：“我1斤粮票2毛钱就管你一节课，我供不起你！”随后还理直气壮地给他爸爸打了个电话，告诉他“我打你儿子啦”。当时完全不觉得自己做错了什么，可是在很多年后却越来越自责，因为那时候自己真的不懂教育，只局限于对学生传统的“管”，没有正确的教育观念。随着后来在实践中的不断学习，越来越意识到自己曾经的过错，进而不断提升自己的教育管理水平。有一个曾经被我打过的杨同学，我找到了他的联系方式后，把电话打过去，亲口给他道了个歉，为我30年前所犯的错误。可惜李悦宝断了联系，连个道歉的机会都没有了。

我这个忏悔！我真心希望老师们引以为戒，尊重每一个孩子，心里才可以坦荡无悔，不留遗憾。

遗憾案例4

这是我曾经收到的一封邮件，一位无助的母亲心在滴血地哭诉。

关老师：您好！我才学会打字，我是一个无能的母亲，没有办法把孩子从逆反和厌学中拉出来，无奈之中向您求助。我的孩子（男）今年16岁，过完暑假升初四（我们这初中四年制），明年中考。初一到初二阶段学习还可以，350名学生考试一班（般）在50名左右，上了初三第一个月考试40名左右，自从在期中考试中违反考场纪律吃糖，班主任发（罚）他买40元糖，罚他每天午睡时站在讲台前吃糖，因孩子住校，一星期回来一次，回来后说嗓子疼、咳嗽我才知道。我和老师交谈过改变一下教育方法。可从那以后他不爱学习，拒绝考试，三天两头不上学校，对学习失去兴趣。我们这儿的老师经常骂人，学生都很反感。作为父母我不是一个好家长，我总唠叨总批评他，希望他考上重点高中。可现在我怎么开导他，他都不听，和我讲条件对着干，这次期末考试竟考了270名，放假整天除了玩就坐在电脑前听歌、玩游戏、看电影。其实每位老师都认为他是个很聪明的学生，潜力很大。孩子3岁时我离异了，继父对他还可以。关老师，我知道您很忙，您是个教育专家，能给我一点帮助吗？

这是一位山东烟台的母亲写给我的一封信，显然是情急之下逼着自己用手指头戳出来的一篇文字，有错别字，缺少标点符号（有些是我加上去的）。那个时候我已经尽量不接这种求助了，太多了，有点力不从心。但是看完这封信，我立即用她留下的联系方式进行了沟通，听完细节后，我怒不可遏！一个很好的孩子，犯了一个在他这个年龄段允许犯的小错误——考场上偷偷吃了一块糖，不问任何缘由，逼着孩子把身上仅有的40元钱全部买了糖，让孩子站在讲台前吃，甚至午休时间不让孩子休息继续吃，直到吃完，吃得孩子嗓子哑了，说不出话来。

这种对孩子身体的摧残令人发指，而更为严重的是对孩子心灵的伤害、自尊的践踏，马上就显现出令人痛心的后果：第一，自闭了，再也不肯说话，只是坐在电脑前玩；第二，彻底放弃了学业，破罐破摔了；第三，学习成绩从年级前50名降到了270名。一个孩子可能从此就被毁了。老师的错误教育方式，我气愤，我痛心，但我更急于帮助和挽救这个孩子。于是我和他妈妈商量，带他到北京来散散心，我和他聊聊，他不肯；让他和我通个电话，他不同意；实在没辙了，我把电话打过去，让他妈妈把电话听筒对着他的耳朵，我电话里说，“强迫”他听。我和颜悦色、苦口婆心地开导他，特别强调：孩子，这不是你的错，你也许当时饿了，也许胃里不舒服了，甚至有可能低血糖很难受了，老师这时候应该过来关心和询问一下，她没有做就已经错了；退一万步说，就算你馋了，没有经受住口袋里那块糖的诱惑，也只不过是在你这个年龄段允许犯的一个小错误（注意，他是住校生啊），稍加提醒你不但会改正，而且会自责的，因为你本身就是一个懂自尊的好孩子。可是老师小题大做、兴师动众，她又错了；然后她让你买糖、吃糖的做法，不但是大错特错，而且是违背师德、违反《教师法》和《未成年人保护法》的极端恶劣行为，她用这种方法摧残你的身体，经过调养和休息是可以恢复的，但是我知道，你的面子、你的自尊、你的心灵受到了极大的伤害，这个创伤的愈合有难度、需要时间，但是无论如何，你不应该用她的错误惩罚自己，自己的前途和命运毁在别人的手里，值得吗？我说了足足20分钟，他听着，但一言不发。我只好告诉他，我愿意陪他一起疗伤，妈妈手里有我的电话，随时联系我。以后一直没有消息，我的心一直在揪着。有人也许认为这是个案，不具有普遍性，其实不然。据我了解，像北京这样的大城市，管理层对教师的要求高，老师本身的道德和法律意识比较强，家长对孩子有着极敏感的保护意识，所以类似这样的恶性事件几乎不可能发生。但是在全国许许多多中小城市，尤其是农村的中学、小学甚至幼儿园，老师伤害孩子的事时有发生。讽刺、挖苦、孤立孩子是家常便饭；各种惩罚和体罚也很平常；严重的伤害屡屡发生。可悲的是孩子以及家长完全没有自我保护意识，在老师面前唯唯诺诺，敢怒不敢言，一来家长用一句“老师都是为了你好”来压制孩子，二来找一点心理安慰，更是替老师掩盖了过错。从那位山东妈妈给我的信中就可以体会出她的胆怯：“我们这里的老师经常骂人，学生都很反感”，马上又补上一句“作为父母我不是一个好家长”。其实在我们通话时，家长对孩子被罚吃40元糖，吃坏了嗓子既心疼又愤慨，但是又明确表示不敢追究老师，因为“孩子还在人家手里”。

我的遗憾是，想帮这个迷茫的孩子和焦虑的妈妈，但是鞭长莫及，我使不上劲，事情在我这儿就算不了了之了，但是给我留下了一份永远的牵挂与遗憾。所以我才不余遗力地向老师们推荐我的书《凭什么让学生服你》，告诉老师们，让学生怕不是好老师，要让学生佩服、信服、折服、心服、口服！

遗憾案例5

这是在众多找我做心理辅导的案例中比较特殊的一例，我没有帮到这个学生，留有遗憾。做了个简单的个案记录，题目用的是“巨婴”。

巨婴

◎ 丁美丽　女　某中学　高二

第一印象 淑女范，面容姣好，亭亭玉立，面无表情，穿着打扮不像中学生，拒人于千里之外的感觉。

我接待的求助孩子很多，每次我都会有一个礼仪，或者说已经成为我的一个习惯性动作，即拥抱来访者，一来可以给予孩子亲近感，让孩子放下戒备心；二来我可以通过孩子的肢体反应对她有一个性格和态度上的基本了解，百试不爽！而今天遇到了不一样的对手，对于我的热情拥抱，她没有回应甚至有些拒绝：双臂下垂，身体后倾。

自诉 成绩不错，没有朋友，惧怕集体生活，不愿住宿舍，怕吵、怕光，失眠。自认为妈妈这边的亲戚都很优秀，担心自己给妈妈丢脸，有压力，完全离不开妈妈，高考前的百天誓师大会结束，回过头来没有看到妈妈，当时就崩溃了，哭得稀里哗啦，险些晕倒。

妈妈倾诉 单身母亲。强调孩子特别优秀、懂事，但心重；不合群，不与别人交往，睡在她上铺的同学蹬了她的床，就歇斯底里；同宿舍同学用一下她的毛巾就不行了，必须扔掉。妈妈百般呵护，至今（高二）没有让孩子自己独立买过一支笔、一件文具，全部由妈妈包办代替，还自以为得意。

诉求 让我跟学校提出不住校，走读。

第二印象 自私、自我、自恋。妈妈抱大的孩子，从见面拒绝我的拥抱（推开了我），到我给她看她同班同学与我交谈后的合影，问她愿不愿意也与我拍张照片，她再一次拒绝，可以确定这是个情商极低，难以融入人群、融入集体、融入社会的孩子，发展下去就是一个离不开妈妈怀抱的“巨婴”。

结论 由于极端脆弱的特质，建议学校在高考前的3个月时间里，不要给她任何压力，顺其自然，以免节外生枝，发生意外。根据她的目前成绩，考上大学不是问题，但我所担心的是，走进大学不一定能融入大学，甚至如何立足于社会？

妈妈如果再不醒悟，后果堪忧。

这是我接待过的所有向我求助的孩子中，为数不多的半途而废的案例，是我的遗憾，也是我的无奈。

遗憾案例6

这是一个我主动接手、信心满满，认定一定能成功的帮扶案例，结果却铩羽而归，都不好意思说出来。下面是个案记录。

失败

个别辅导和挽救了众多青春期误入歧途的孩子，让我有挫败感的寥寥无几，这也是支持我一直在做这项公益活动的动力与原因，自己有成就感，还能帮到孩子以及家庭。

最近有了一次挽救失败的经历，令我无奈与痛心，甚至怀疑我这次主动出手提供帮助的行为从一开始就错了。

偶然得知同事的女儿青春期叛逆到了不可收拾的地步，离家出走、夜不归宿、两次服安眠药，以致被医生诊断为抑郁症，被送进北京回龙观医院，治疗了49天，被迫服用了49天抗抑郁药，回到家后，情况依旧。人家并没有向我求助，只不过是我侧面听说了这件事，我的恻隐之心又爆棚了，于是很冲动，当即直接跑到火车站，购买了火车票。

先侧面了解了一下情况：和父母严重对立，已经辍学，与一个24岁男青年深度交往，家长限制就以死相逼，医院结论是抑郁症，妈妈疑惑，爸爸深信不疑。

见面**第一印象**：消沉、颓废、情绪低落，尤其对妈妈横眉立目。但还算给我面子，知道是我来了，于是答应出来陪我吃饭。

吃饭间谈笑风生，完全没有抑郁的表征，尤其是拍照时，无论是她给叔叔阿姨们拍，还是让她跟我合影，都表现得非常正常，只有需要跟妈妈说话时，会有意板起脸，显得不耐烦。

我的**第二印象**自然生成：不是抑郁症！

饭后，我以一个人住酒店标准间害怕为借口，邀请她与我同住，目的是更多地交流，更多地了解她，希望能帮助她迷途知返，毕竟10多岁，在我眼里还是个孩子。

对话内容梗概：

我：青春期、青春期现象及青春期问题孩子的分析。

关于未成年人保护法条款中，成年人的责任义务。

少女与少妇的区别。

抑郁症的典型症状有哪些。

建议转学到一个没人认识的学校，翻过这一篇，重新开始新的学习生活。

——总之我讲了很多，有疼爱、有关心、有青春期方面的知识、有做人的道理等等。

她：

回龙观医院的49天很舒服，不用学习，什么都不想，就按时吃药（承认没有她这个年龄的，最小的都20多岁）。

说什么都明白，一提到离开那个男人——不可能！

11点多，提出裸睡，说习惯了。很可怕，她因为已经有多次夜不归宿、和所谓男友在一起的经历。

在交谈中睡去，一夜几乎连身都没有翻过，睡得很实（抑郁的人首要症状就是失眠）。我却没怎么敢睡，怕她跑，我担不起这个责任。

我断定：这孩子完全没有抑郁症！就是在放纵自己——这是我的**第三印象**，也是**最终结论**！

这次救赎以失败告终，原因不在孩子，也不是我无能为力了，而是因为父母的不配合，尤其爸爸坚信女儿就是患了抑郁症，一味哄着、顺着；对伤害自己女儿的男人不敢采取任何措施。孩子已经摸到了父母的软肋，所以第二天我通知他们到酒店来接女儿，见到爸妈的那一瞬间，她又故技重施——跑了。

她爸爸尾随她而去，我也打道回京。据说第二天又投向了那个男人的怀抱。

我失败了！

平心而论，我对于这个失败是不甘心的，既然我确定她不是病态，是典型的青春期问题孩子，如果我继续跟踪下去，我不信我征服不了她，但是我不得不放弃的原因有二：一是我不可能长期离家在外地继续做她的工作；二是她父母极端不配合，尤其父亲的一根筋儿，完全不理会我的建议，心甘情愿被女儿牵着鼻子走，所以我有多大的劲儿也使不上了。至今我都不再敢联系孩子的父母，我怕听到不好的消息。

遗憾案例7

在工作中由于自己的失误而留下的遗憾其实也不少。

有一件被学生安慰我为“小事一桩”的事，自我谴责了很久，至今我的良心备受折磨。学生经常有“忘记带作业”的现象发生，老师的处罚方法五花八门，作为班主任必须支持各位任课老师的工作，所以也得实施一些辅助的手段。一次我们班的李喆又说作业忘带了，而且老师反映这不是第一次了，其实这孩子虽然有点小调皮，但是学习还是挺上心的，成绩也不错。那天我狠狠心为了教训他一下，让他回家去取。他也没辩驳，骑上车就走了，回来把作业交上，这事也就算过去了。但是当有一天我决定去李喆家进行家访，下午放学后他陪着我骑车，边走边聊，我们俩都很放松且心情愉悦，因为他知道我这种家访不是告状。但是大约骑了20分钟的路程之后，我才发现李喆家距离学校挺远的，我突然心生愧意：那天真不应该让孩子回家取作业。足足半个多小时到了他家，我第一件事就是道歉："我真不知道你家这么远，让你回家取作业太过分了，对不起！"孩子却说："没关系，小事一桩，今天跟您一起骑车我得放慢速度，那天回来取作业我是飞奔啊，20分钟就到了。"我当时眼泪差点出来，有感动、有后悔、有自责，但更多的是后怕！早上的时间，路上人多车多，孩子刚刚进到学校，又被我"赶"回去取作业，他肯定也怕耽误更多的课，所以一定是玩儿命地飞奔，太可怕了！一旦出事，那时候他还是个13岁的孩子，简直不敢想象。虽然李喆没有把这件事当回事，考上重点大学后还向我报喜，结婚时请我赴宴，可是直到今天，一想起来就对他充满了愧疚，为自己工作的不严谨，为自己缺少同情心与同理心，为自己管理方法的草率。老师们吸取我的教训吧，这种遗憾留不得！

小结

现代社会人生多数最长不过百年，而我有近50年的时间都用在了孩子们身上，这所有孩子中只有一个是属于我的，那就是我的儿子。在一次为大兴区某小学进行班主任培训后，老师们围住我提出了不少问题，我一一给予回答，其中一位男老师问我："您为学生付出了那么多，如何平衡对家庭的责任和对您自己孩子的教育？"我回答："只能尽力，不可能取得完全的平衡。”他追问：“那对您的孩子和家庭是不公平的呀！”我告诉他和身边围着的老师们：“世间本身就没有绝对的公平，做任何事情都是有舍有得，尤其当你一门心思要做好某一件事时，同时就要有所舍弃、有所失去。”具体到我的家庭教育，我自认为是基本到位的，那时候早上5点起床，蒸出一天的馒头，然后送孩子去托儿所，中途骑自行车去喂奶，带着衣襟上的屎痕尿渍，赶回教室继续上课；上幼儿园了，为了争取时间，每天儿子要坐在便盆上吃早饭；上小学了，每次考试前我会自己出一张模拟试卷，可是学习成绩基本没让我操过心；孩子犯错误了，我会及时予以纠正，甚至陪着孩子去给老师赔礼道歉；每一个假期我会带孩子旅游或参观博物馆，让他多见世面、增长知识；尤其是北京的春季书市和秋季书市，我们娘儿俩从不缺席，培养了孩子读书的好习惯；直至孩子凭借自己的努力考进中国人民大学，我自认为基本算是一个合格的母亲。但是今天回过头来看，儿子身上有很多不尽如人意的地方，一些性格上的小瑕疵，我必须承认是我教育上的遗憾：一来那个时候的教育理念和教育手段有欠缺；二来一心扑在学校工作上，对自己儿子的陪伴远远不够。所以今天一边回忆我教育生涯中的诸多遗憾，一边就在原谅我自己：我就是个凡人，一个普普通通的一线教师，一个平平常常的母亲，留下点遗憾也属正常。但是如果让我说出我这辈子最大的遗憾，就是我的性格，太追求完美，太要强，落下一身病：甲状腺摘除、胆囊摘除、结肠癌术后转移、长期糖尿病。

人生七十古来稀，我今年七十有二，也算值了！

第六章

无悔

我这一辈子都快过完了，就干了这么一件事：当老师、做教育，一切为了孩子！人生大半辈子过去，不曾有过一次见异思迁。知青返京时还没有找到合适的学校，我没有丝毫犹豫就婉拒了其他机关单位的工作，宁愿在家当了几个月的“无业游民”。现在想起来，我这个人、我这一辈子，就是为教育这份事业而生，就是跟孩子们有缘！曾经有不少次被问到：这么多年当老师，你烦不烦啊？每天跟乱哄哄的孩子们在一起，你不嫌腻味啊？我用这本书的书名给出了最终答案：**30年班主任，我没干够**！

经常会看到一些文章，吐槽教师这个职业，吐槽班主任这份工作，发泄自己对教师职业体验的委屈和不满。最近看到一个更过分的，竟扬言“老师这个工作没有任何价值，我每天干的就是扶烂泥、雕朽木、翻咸鱼、烫死猪”。我相信这位自称为老师的人代表不了大多数教育工作者，但我确实很气愤！她的这一番话不仅贬低了教师这个职业，抹杀了老师们辛苦付出的价值，而且侮辱了多少无辜的孩子，把期待你去教育引领的学生们用“烂泥、朽木、咸鱼、死猪”来称呼和形容，你也配做一名人民教师？当时我很想给个评论：你如果有孩子上学，希望遇见你这样的老师吗？还是不要继续误人子弟了吧！根据此人的素质，我预料她会反驳：“你愿意干那是你的事，愿意当老师的人都是贱！”（确实有人这样表达过）而这样一个“贱”字，我不把它理解为贬义的，恰恰是我要表达的、我内心的真实含义——**无悔！我这一辈子，当老师无悔！当班主任无悔！爱我的学**

生无悔！为孩子们付出无悔！带着对教育事业的爱与忠诚走到生命尽头，无悔！

无悔案例1

我对教育这件事的执着，许多人理解不了，连我自己有时候都感觉自己有点“魔怔”：30年班主任没干够；书一本接着一本写；微博和公众号《关老师有感而发》，针对教育热点感慨频发；进入小红书，已有130多篇视频笔记，36000多粉丝；除去应邀为青年教师培训，或为青春期孩子及家长做些线上线下讲座有些许报酬，大部分工作都是公益性质的。确实有些曾经的同事不理解我，甚至臆想“关承华为挣钱都不要命了”，其实我比窦娥还冤！但这就是我的人生，是我自认为有意义的人生，我非但无怨无悔，还挺得意！即使在挨板儿砖、遭人骂的时候，也只是一时的气愤和委屈，过后随即释然。记得曾经在微博上发了一篇文章《寄语家有女娃的爸爸妈妈》，旨在提醒父母对女孩子从小要加强自尊、自爱、自我保护意识的教育，以避免孩子受到伤害。很多博友给予了认可和支持，可是却蹦出了一个听不懂人话的别有用心之人，完全无理地侮辱谩骂。说心里话，刚一看到打了我一个措手不及，因为我没经历过这种不堪的待遇。还好，博友们纷纷声援，劝我别生气，不要搭理这种人，建议我把他拉黑等。让我完全没有想到的是，有百万粉丝的教育专家、公安大学教授、博士生导师李玫瑾老师为我出面了，她发文：“一位60多岁的老教师，为孩子们写了3本书，退休了还在尽力为家长们提供帮助，你怎么忍心骂她？”我看完当即落泪了。可是结果让人大跌眼镜，这人立即把攻击的矛头对准李老师，又是一番谩骂！我破防了——深悟这是个不折不扣的“人渣”，不能再给他脸了！我也劝李玫瑾老师就此放下。类似这样的事以后还有遇到过，但是这次经历让我明白了，我在不知不觉中被贴上了所谓“公众人物”的标签，而且不能怪别人，是我自己心甘情愿“挤”进来的，在自媒体时代，你在那喋喋不休地说，你认为是好心，是在做好事，就得允许别人或赞你、或贬你、或爱你、或骂你，你都得接受。所以，我不后悔，继续我行我素，因为无愧我心！

无悔案例2

在一家咖啡厅，用3个小时的沟通，打通了一条母子间的交流通道，妈妈卸下了焦虑，孩子认识到了自己的问题，娘儿俩高高兴兴地返回老家武汉，而且收到了孩子进步的反馈。我心足矣。

目前像这样的单独心理咨询辅导，3个小时，需要付费不低于1000元，如果是有点名气的专家，费用可能要翻倍。可是我分文未取。事情是这样的：

一位妈妈带着自己高二的儿子从湖北专程到北京来找我。可以看出来母亲忧心忡忡，一脸愁容；再看身边的男孩，明显染过的头发，嫩粉色眼镜框的近视镜，裤腿很瘦，裹在腿上，很时尚的翻领T恤，典型的青春期美少年，不用介绍，我已经对这个孩子了解个八九不离十啦！果然，妈妈所倾诉的，就是孩子怎么会从一个人见人夸的乖宝宝、好学生，变成了一个不爱学习、专注于打扮、忙于交友的“问题少年”。老规矩，听完妈妈的一面之词后，我让妈妈回避，单独与孩子沟通。我知道，只要孩子不拒绝我，愿意向我吐露心声，结果就不会差——说明他的心理偏差不算严重，没有封闭自己。我了解到，这是一个即将升入高二的学生，初中时凭借自己的小聪明，学习成绩名列前茅，家长一直以孩子听话省心而自豪。考上高中后，出现青春期迹象，出现一些细微变化，比如洗澡比原来勤了，爱照镜子了，洗完头发要吹干定型了，拒绝穿妈妈买的衣服了等等。这时候，不懂青春期教育的妈妈，依旧要求孩子只要学习，生活上的要求什么都可以满足。但是逐渐发现苗头不对，孩子没心思学习了，放学不按时回家了，甚至出现了旷课的现象，对老师和家长产生了强烈的抵触情绪。这下家长慌神了，用有病乱投医、临时抱佛脚来形容一点都不过分，看到了我的书《别和青春期的孩子较劲》，通过出版社找到我，就直奔北京来了——可怜天下父母心啊！

就这3个小时，妈妈意识到了问题的症结，孩子认识到自己是在以青春期的名义放纵自己，母子间可以敞开心扉进行心灵的沟通了。当我把母子俩送到公交车站时，妈妈手里攥着几张百元大钞要偷偷塞给我，我故意让妈妈展开手，然后问孩子："你喜欢关老师、佩服关老师吗？"孩子迅速给予肯定的回答，我再说："如果我现在收下妈妈的钱，你就会不喜欢我、不佩服我了。"虽然孩子说不会的，但是我明白，我想要的是不打折扣的、心安理得的爱戴与佩服！有人说我傻，傻就傻吧，傻而无悔！

无悔案例3

多年来都在从事青春期教育的研究和工作，积累了不少的经验，也积淀下许多教育理念和观点，所以才可以完成自己的教育作品，才无数次地被邀请去做青春期教育理念的讲座，有机会跟许多教育和心理专家同台授课。我从未承认“专家”的头衔，我有自知之明，所以无论大小场合，无论主持人如何介绍，我开场一定先声明，我就是个一线教师，但是个用心做教育的老师，跟那些真正的专家学者、教授、导师不能比。后来，有些机构就给我戴上了“实战型专家”的帽儿，“实战型”我接受，就别“专家”啦！大家从我的文字中就可以看出，没有深厚的理论基础，没有什么理论阐述，基本不引用别人的文字，净是些案例、实例，而且保证真实，来源于我的教育亲身经历。在现场作讲座时，听众们，无论老师还是家长，都挺给面，愿意听我絮叨，那我就不负众望地继续讲下去。

国家开放大学和陈一筠青苹果书院组织了若干期“青春期教育骨干师资研修班”，我有幸被聘请授课，聘书上是这样写的：“兹聘请关承华为陈一筠青苹果书院资深专家、学术顾问、讲师教练督导，聘期为5年。”其实接受这个聘书我是受之有愧的，说白了就还是资历不够。但是我为什么又欣然接受了呢？因为我真心认为并亲口对陈一筠教授表示：**办这样的培训班功德无量**！因为我最知道，现在青春期现象、青春期问题孩子已经成为了一个社会问题，多少父母被青春期孩子整得焦头烂额，多少家庭矛盾都源于家有青春期孩子，可是父母不掌握青春期教育的方法，不理解青春期孩子的诉求，而学校教育不可能把青春期教育作为学校日常工作的主题，所以急需一批经过系统学习，掌握青春期教育的基本理论和操作方法，爱孩子，有沟通能力，能够帮助和协助家长与青春期孩子良性互动的专业工作人员。这么多年我干的就是这件事，也确实帮到了不少的孩子、家长和家庭，我在前面的案例中提到过，一个我帮助过的13岁少年，在得知我要放弃治疗时说的话“关奶奶，您一定不能放弃治疗，有您在能挽救多少像我这样的孩子，挽救多少家庭啊”，这是孩子的肺腑之言。所以我在给老师们授课时曾经大言不惭地说过：“我真的希望你们中多出几个关承华”——为了青春期的孩子们！

培训班的整个过程，恰遇发现我的癌细胞转移和化疗期间。2022年5月18日，术后一年，做PET/CT全面复查，19日我给学员们录课，整整一天大约6个小时，晚上回到家接到坏消息：腹膜盆腔转移。虽然有一瞬间的崩溃，但我庆幸的是“课录完了，没有耽误学员们上课”。第二天进医院开始化疗，21天一次，一次输液8个小时，还要配合吃化疗药。虽然痛苦，胳膊上还埋置着输液管，但是这期间给学员们上的线上点评课，我一节课也没耽误。我与学员们的线上互动，收到了大家满满的爱和祝福，感恩！

2023年3月30日，一个令我难忘的日子。300多位学员自费来到北京上唯一的一次线下面授课。巧就巧在第二天31日是我输靶向药治疗的日子，是上天眷顾我没有失去这次和学员见面的机会，我知道他们都在期待这次见面。我的讲座题目是《做青春期教育的好老师》，我精神百倍、慷慨激昂地足足讲了3个小时，中途数次被学员们热情的掌声打断。结束后收到了一束束鲜花，有些学员主动要求与我合影留念，我自然是来者不拒，在这过程中我细心地发现，有很多学员也有与我合影的欲望，但是在犹豫，或者是不好意思，于是我毅然提出：每一位学员的结业证由我来发，这样每一个人都有了与我合影的机会，主办方负责人怕我太累，担心我的身体顶不住，但我考虑的是人家从祖国的四面八方自费而来，我实在不愿让他们留下遗憾。于是300多人排起了队，每一个人上台来都抱抱我，然后合个影，大约又站了一个半小时。说实话，不累是假的，尤其是过后感觉后怕的是，我在化疗期间，免疫力极低，医生的嘱咐是第一不能累，第二避免跟太多人近距离接触，防止感染，我没有遵医嘱，直到回家的路上才开始有一点担心。不过很快我自我安慰：人活七十古来稀，我已经七十多了，无所谓了！而且今天学员们又给我增添了战胜疾病的力量！

到家已晚上10点，休息了一夜没什么不良反应，我心安了。第二天在医院输液时发了一个小红书笔记，题目是：**冒险！有惊无险！值了！**

无悔案例4

经过了14个疗程的化疗，我这个从不服输的人也认怂了，全身乏力，手脚发麻，末梢神经不能碰凉的东西，凉水洗手都不行；不但没有食欲，闻到饭菜味，甚至看到电视上的食物画面都会恶心难受。这时候主治医生提出要换二线药，而且十分明确地告诉我：二线药比一线药毒性更大，您就不要注重个人形象了，也不能讲课了，因为副作用会更大、更严重，脱发、面部皮肤会发黑、口腔溃疡、胃肠反应会更强烈……没等大夫说完，我当即打断，决定放弃治疗！我的原则是要有尊严、有质量地活着，这么痛苦，我宁愿不活！这是我第二次有了放弃生命的念头。无奈之下，医生推荐了三线药：日本原装进口、不走医保的朗斯弗，优点是副作用小，缺点是自费，每月一个疗程，大约花费2万元。在家人和亲朋好友的鼓励下，我接受了这个治疗方案。至今已经完成了第六个疗程的治疗，让我欣慰的是，确实没有明显的不良反应，在每次化疗的间歇期，我又能干我喜欢的事了。

就在最近，2023年7月—8月，这是我安排最满、最充实的一段时间。在化疗间歇期，为两期暑期研学营的60多个孩子上课——“和青春期的孩子聊青春期”。孩子们看到满头白发的关老师、关奶奶带病为他们上课，跟他们进行愉快的互动，为个别心理有点小偏差的同学做心理疏导，孩子们被我鼓舞并感动了。一个平时比较怯懦的男生第一次走上了舞台，告诉我：“是关奶奶激励我第一次主动走上来，而且将激励我一生”；一个9岁的小男孩在分别时流着眼泪嘱咐我：“您不要老吃咸菜，要吃好的，补充蛋白质”（我食欲差，用咸菜提高点味觉，被孩子注意到了）；一位17岁的高中生，抱着我从哽咽到失声痛哭，嘴里反复说着一句话：“您一定要活过80岁！您一定能活过80岁！”——看到孩子们真情流露，我真的无怨无悔！

除去在研学营享受到了跟孩子们在一起的乐趣，我又为“青春期教育骨干教师研修班”上了两节线下大课，讲《青春期教育工作者的责任与担当》，听课的老师们用满满的爱包围着我，他们的每一句问候和祝福，令我感动。近600位学员，每人都把能跟我合一张影当成幸福，于是我在台上承诺大家：**今天大家见到的真人，就是一个满头白发的小老太太，我什么都不是，所以尽管工作人员怕我累着，尽力阻拦大家与我拍照，但我还是要满足大家，不让你们遗憾**！两节课一共4个小时肯定有点累，但是我的满足感、幸福感爆棚，他们带给我心灵上的愉悦，就是治愈我的一剂良药，我有何可悔？

17号研修班结课，学员们返回祖国四面八方，我16号又开始了下一轮的化疗，用现在的说法是“带癌生存”，既然还能生存，我就会继续走我的路！

小结

近50年的时光都给了教育事业，都给了孩子们，到退休前就是个一线教师，没当过官，荣誉倒拿了不少，获得过“北京市紫金杯优秀班主任”、师德标兵、学科带头人等荣誉，论文更是获奖无数，曾经保留了一大摞各式各样的红色证书，但今天再看这些确实是过眼烟云，只能代表当时，所以前几年全给处理了。有人替我遗憾，普通一线老师很少有著书立说的，我在退休前已经出版了两本教育著作，又有高级职称，如果申报的话，完全可以获得“特级教师”的称号。可是我却无所谓，“高级”是职称，跟工资挂着钩呢，评上了靠的是成绩和能力，这一辈子也够用了；“特级”是荣誉，时过境迁，再顶着这个桂冠会有压力。自己24岁站上讲台时，哪想到过有什么高级、特级之说，只知道我的职业是教师，我被人尊称为老师，何等自豪与幸福！所以我自始至终只有一根儿筋：我要做个好老师、好班主任——初心至今不悔！

下面是我在培训青年教师讲课时强调的一个基本内容。

教师——是职业，是社会角色（人民教师，蕴含了这个职业的崇高性），重在**“教”**，即传道、授业、解惑。

老师——**对学生**，知识比学生先学了一步的**凡人**（我这个解释是针对学生表达对老师的不满时，用来安抚学生情绪想到的，效果极佳）。

对自己：是个身份，是个尊称，是对社会、对他人，尤其对教育对象有着重要影响的人。重在**“表”**，为人师表，发挥表率的作用。

我坚持：作为教师，**要有“魂”——教书育人的根基。**

作为老师，**要有“弦”——绷紧为人师表的弦。**

当你被人们尊称为**“老师”**时，要做到问心无愧！

苏联教育家加里宁说：**“一个教师必须好好检点自己，他应该感觉到，他的一举一动都处在最严格的监督之下，世界上任何人也没有受着这样严格的监督。”**

这样的监督，我已经接受了近50年了，无愧！无悔！

第七章

交班

这一章的题目纠结了很久才定下来。我的本意是在书的最后，再给想当个好老师、好班主任的同行们支支招，传授一些可行性的带班方法，让大家少走一些弯路。我一开始拟定的题目是“传承”，后来觉得不妥，太高看自己了，我不就是一个普通老师，有些许经验罢了！写这一章的初衷，是看到目前教师队伍中的冲天怨气和无奈、无助，我真心想尽力帮助大家。而我目前的实际情况是：72岁的晚期结肠癌患者，一直处在化疗的过程中，用现在一句时髦的话说“明天和意外不知哪个先到来”，自己多年来积累和积淀下的还算有用的教育理念、带班经验，一旦随我而去，总觉得有点可惜，是这种紧迫感让我最后决定，本书最后一章的题目就叫**“交班”**，向我教育界的后辈们，向热爱教育事业、爱学生的年轻老师们，向正在读师范专业即将走上教师岗位的准老师们，交出我握了近50年的“教鞭”——鞭策自己努力做一个学生爱戴、对得起自己良心的好老师，去细细品味你获得的价值感、成就感、幸福感！

这本书是我10年前写的《凭什么让学生服你》一书的姊妹篇，即便教育理念难免有重合的地方，但是请相信，十年后的内容一定有新的解读。

一、给新班主任的建议

每年一到暑期，很多老师就会领到“新学期班主任”的委派任务，我为什么会用“委派”这么个词呢？因为基本没有商量的余地，“委”是委任，包含着领导对你的信任；“派”是指派，是你的上级的指令，你只能接令而行。最近在“小红书”平台上看到不少求助的新班主任，我不厌其烦地向人家推荐相关图书，当然也包括我自己的《凭什么让学生服你》，不为卖书，就想帮一把。但是有不少自以为的“过来人”，给新老师们支歪招儿、支昏招儿，什么“第一次进教室就像他们欠着你800块钱”“千万不要给学生好脸儿”“不要跟学生交朋友”“一份工作而已，用不着太认真”，等等，甚至还有个别老师指导别人怎样逃脱班主任的重担、怎样裸辞转行等，总之满满的负能量。我今天敢写这本《30年班主任，我没干够》，就不怕这些负能量喷我。我有过若干次从头带班的经历，就把我的感受分享给大家。

作为教师，尤其是班主任，都有带起始班级的机会——小学一年级、初中一年级和高中一年级。每当一个新的学年开始，老师们“领命”完毕，即将登上一个新的讲台，而面对一批新的学生时，新教师往往会紧张、忐忑，准备迎接一场全新的挑战与考验；老教师则会处变不惊，胸有成竹，用自己多年积累起来的经验去从容面对新一轮的工作。无论新老教师，此时都像上满了发条一样，调动起每一根神经，全身心地投入到班级建设中，都希望通过自己的努力带出一个过得硬的优秀班集体。可十个指头不一般齐，往往在同一个年级中，班与班之间的班风、学风、凝聚力乃至学习成绩会拉开较大的差距。原因何在？我一直在试着寻找带有规律性的原因。在分析研究中我发现：生源分配上偶有不齐是一个客观原因，确实存在着某一个班级中某一类学生相对集中的现象，但这是带有偶然性的；班主任的性格对班级工作，甚至对学生习惯的养成有着明显的影响，老师的争强好胜、严谨认真或者大大咧咧、不拘小节都无形中传给了孩子；而班主任的管理思路、管理策略及管理手段，是一个班集体优劣的决定性因素，多年的班主任经历让我确认这一点。

既然班主任的管理对于优秀班集体的形成至关重要，那么带一个新的起始班级，班主任与学生的首次见面，也就是学生走进新校园、新教室的第一课，是对学生进行人格教育和品德教育的最好契机，把握好了这一契机，就为培育良好的班风做了铺垫，为形成班级凝聚力打下基础，为和谐的师生关系打开了通道。一个优秀的班集体，就从这里起步。多年前，我接到学校高一班的班主任工作。拿到一份完全陌生的学生名单时，我首先揣摩和分析了来自十几所不同初中学生的不同心态，这里有新奇感、陌生感，也有失落感（没考上重点高中的）；有兴奋、有不安，也有怀疑。无论48名学生持有什么样的心态，对于高一班这个新集体来说，48颗心是散的。如果班主任一上来就抓学习、谈高考，看似“务正业”，但效果不见得好。我决定从“收心”和“聚力”入手——把48颗心先拢到一起，增强集体凝聚力，而且刻不容缓，必须从师生第一次见面就切入这个主题。于是，在其他老师在黑板上写下“欢迎新同学”时，我精心设计了一句**“你们是高一班的主人”**，醒目地展现在黑板上，让学生一走进教室就产生一种主人翁意识。随后，就从“主人”二字说起，着重谈了主人翁责任感，表达了我与同学们同舟共济、荣辱与共的愿望，大家达成一个共识：高一班集体是我们共有的，集体好大家受益，集体差大家受损；凡是集体的事情，每一个成员都责无旁贷。就是开学这第一课，为我们后来成为北京市优秀班集体奠定了坚实的基础。

这一届高考结束后，我又接了一个新的班级，而且是本年级的实验班。全年级的学习尖子集中在一个集体中，对我来说是一个新的课题，也是一次新的挑战。因为这些孩子虽然有着学习上的明显优势，但是也有老师、同学们公认的劣势，比如自私、傲气、对集体关心不够等等，所以，如何把这些“腾云驾雾”的学生引到“地面”上来，让他们脚踏实地地正确评价和认识自己，是我要给他们上的第一课。这一课我又做了精心的准备：首先在黑板上写了**“我们并不是最好，我们应该成为最好”**；然后，请我刚刚毕业，考上北京大学、第二军医大学、对外经贸大学的学生们回到母校，让他们讲3年高中的体会（我故意退出，但是在门外听到了阵阵掌声）；最后，我走进教室，围绕“我们并不是最好”指出他们身上的不足，杀杀他们的傲气，再阐明为什么“我们应该成为最好”，我们怎样做才能成为最好，帮助学生建立起争优求胜的信心。在以后的三年里，我们班被评为北京市优秀班集体，高考取得了优异的成绩。但在我看来，最大的收获是任课老师们普遍反映“这班的学生不狂、不傲，特别谦虚”，而这一好评与我3年前的开学第一课是密不可分的，可以说这一课起到了规范、引导、要求甚至是定型的作用。送走了又一届高三毕业班后，我承担了初一班的班主任工作。从高三到初一，面对两个不同年龄段孩子的区别，我必须重新调整带班思路。对于稚气未脱，对新学校、新环境充满好奇的孩子们来说，深层次的道理与说教显然是不适合的，必须站在孩子的立场，用孩子的思维方式去激发他们的热情，调动他们的积极性，让他们从一开始就爱上这个集体。于是我在黑板上设计了**“咱们班最棒”**这句既通俗又有激情的话，后面还加上一个大大的彩色感叹号，学生刚一走进教室，自豪感、荣誉感便油然而生。然后围绕“咱们班能不能最棒”和“怎么样才是最棒”两个问题，学生们展开了热烈的讨论，大家一致把目标定位于“争做优秀班集体”，并纷纷献计献策，人人表示要从我做起，为集体争光，不给集体抹黑。也就是从这一课开始，初一班的良好班风建立起来了，凭借同学们的共同努力，连续两年获得优秀班集体的光荣称号，实现了“咱们班最棒”的美好愿望。

根据我多年来对班主任工作的摸索，通过以上3个典型案例，我得出的结论是：上好德育第一课是带好起始班级的关键。虽说万事开头难，但事情如果能够开个好头，将可能产生事半功倍的效果。

作为教师，第一节课上得精彩会给学生留下深刻的印象；作为班主任，在学生面前的第一次亮相更是至关重要，你的穿着打扮、言谈举止会引来学生们的评价，而更重要的是你的工作魄力、带班思路、表达能力、管理方法，以及对学生的亲和力等都会在这短短的时间里展示在学生面前。不夸张地说，别看老师是成年人，往往是与学生一见面就被学生看透了，随之而来的也许是信服、钦佩，也许是怀疑、不信任，也许是失望甚至对立。如果一旦是后两种效果的话，由于没有走好第一步而使得在以后的班级管理中多了些障碍，多了些坎坷，班主任需要加倍地付出，还不一定取得好的效果。而如果在第一时间获得学生们的信任甚至佩服，让学生有一种“跟老师贴心，在这样的集体里放心，对自己的进步有信心”的感受，那就说明老师已经抓住了孩子的心，班级管理能很快走上正轨，进入良性循环，为形成良好的班集体奠定了基础。

对于班主任第一课的切入点，老师们可能仁者见仁，智者见智。有的老师强调要给学生个下马威，先镇住学生；有的老师主张必须先立规矩，没有规矩就缺少约束力；有的老师认为先得拢住学生，给学生留下个好印象…… 虽然都各有各的道理，各有各的习惯做法，但是我坚决主张要从德育入手，把指导孩子做人摆在首位。这一步走坚实了，可以在班级管理工作中起到提纲挈领的作用，因为“德”说大就大，说小也小。说它大，因为“德”是做人的根本，是班风的灵魂，班主任必须抓住这个根本不放；说它小，因为“德”贯穿于一个人日常的点滴行动之中，有“德”和无“德”在孩子们的行为表现中随时随处可见，直接决定了一个班级风气的优劣。而良好的班风、浓厚的学风、集体荣誉感、集体凝聚力等，都是以良好的道德规范作为前提条件的。古人所云“传道、授业、解惑”，明确告诉我们为人师者的首要任务就是教给受教育者做人的道理；作为带起始班级的班主任，更应该从“树立良好的班风”入手，抓住学生的思想，摸准学生的心理脉搏，因势利导，引领着学生在“做人”与“成才”的道路上顺利前行。

二、师生间的融合度与边界感

有人给新老师支招，说“千万不要跟学生成为朋友”，或者“必须厉害点，别让学生蹬鼻子上脸”。我不敢苟同。第一，我认为这种对学生的态度，没有摆正自己作为老师的位置，把自己看作是“管人的”，必须居高临下、盛气凌人，树立自己的威严，忽视了教育“教书育人”的功能、“为人师表”的内涵和“爱”在教育中的意义。第二，混淆了严格、严厉和厉害三个概念。我坚持“让学生怕不是好老师”，让学生佩服、信服、折服，孩子们对老师心服口服——既拉近了师生间的情感距离，又会让学生心甘情愿地听你的——达到了你“管”学生的目的，师生间的“朋友情”也水到渠成，自然形成。这个朋友不是刻意追求的，也不在于你是否把学生当成朋友，而是学生感觉到了你对他的好与真诚，认你这个朋友，这对你的教育教学和管理有事半功倍的效果。我退休后，尤其是生病后，一届届一批批学生来看望我，几乎每一个人都会说：“关老师，您那时候对我特好。”这时候我心里经常在暗自思忖：“是吗？没觉得啊！”有一点让我笃定的是，我没有对哪个学生不好，所以才有了裘鑫然同学说的“我第一次知道了老师也可以成为朋友”。我的课间10分钟大部分时间会走进教室，跟孩子们聊聊天，掰掰手腕，环视一下教室卫生，观察一下学生的状态，无形中拉近了与学生的情感距离，从不经意的细节中进一步增进了对学生的了解，下一节课的铃声响起，我退到教室门口，学生们会迅速回到座位，做好上课准备。这时候我再去其他班级上课，或者回到办公室备课、休息，心里都是踏实的。所以学生总说，一天要是没看见关老师就像缺了点什么，不习惯了。

可能会有人质疑：你跟学生走那么近，他们会怕你、尊敬你、听你的吗？这个问题就触到了我的核心思想：为什么要让学生怕呢？只有“怕”才能跟“听话”“尊重”画等号吗？在我看来恰恰相反，尤其是面对今天的孩子！

还是说课间10分钟。我走进教室看黑板还没擦，一言不发，自己动手，学生立即忙不迭地跑上来跟我抢板擦；看到座位底下有废纸，我什么都不说，低头去捡，学生们立即相互提醒，大家都低头检查自己的周围；看到有学生趴在课桌上，无精打采，我伏下身子问询，用眼皮贴一贴他的额头，确认是不是生病了；两个学生有争执发生摩擦了，我第一时间发现并调解，等等，我的做法不是换来了学生的怕，而是赢得了学生的敬。所以学生说：“您在我们还敢犯点小错，您越不在我们越小心，尽量不犯错，怕给您丢人。”孩子们真实的心声，反映出我们师生已经各自走进了对方心里。

当然，仅有融合度，没有边界感也不行。一位新上任的高二班主任，很帅气的小伙子，时间不长就得意地告诉我：“我们班男女生都叫我生哥。”因为他名字中带有一个“生”字。我给了善意的提醒：你一个二十出头的帅哥，被十七八岁的男女同学称呼“哥”，没有了师生间的界限感，也破坏了应该有的对师长的尊重，长此以往，会埋下隐患。另外一位年轻老师，第一次召开家长会，会后兴奋地告诉我：“有家长请我吃饭。”我告诉她：“建议你不接受邀请，吃完饭一定有事求你。”年轻嘛，不信我的忠告，第二天愁眉苦脸地跟我说："真让您说着了，要我给她家孩子换座位。"我没客气："老人言总是有一定道理的，换座位仅仅是个开始，以后陆续还会有其他要求。"这看起来是一顿饭的代价，实际上就是老师与学生、老师与家长之间界限模糊的结果。

所以，我强调，老师和学生之间的融合度与边界感，都要有一定的度和不能突破的原则。

三、班主任语言需要一定的真感情和艺术性

30年班主任，从来没有刻意研究过"怎么跟学生说话"这个课题，但是学生和他们的家长都反映爱听我说话，能够接受我的语言，哪怕是批评。我自己总结为"我的亲和力较强"。但**亲和力从本质上来说其实就是"情商"略高的体现，也就是我反复强调的"把握和掌控自己的情绪"和"体会和认知他人感受"的能力**。通俗点说就是，你跟别人说话、沟通、交流时，既能把控好自己的情绪，心态平和，不咄咄逼人，又能同理他人的感受，避免尴尬，让人下不来台。即使是对未成年人、对咱们自己的学生，也理应把握好这个原则。

先举一个最新案例：刚刚应邀去参加了一个研学营活动，主办方除了带孩子们参观故宫、登长城、进军营、进大学校园等一系列活动以外，还聘请了一些老师、专家，为青春期的孩子们做一些励志教育的讲座，我就

是来干这个事的。开营第三天我到了会场，主持人老师做了简单的介绍后，带着孩子们高呼“关老师，我爱你！”3遍，然后我走上了讲台。其实我事先并不知道他们以这样的方式欢迎我，但我马上有了一个换位思考的回应，给了孩子们一个意料之外：**“孩子们，你们说爱我，我先不接受，因为咱们第一次见面，一个其貌不扬的白头发老太太往这一站，你们就说爱我，你凭什么爱我？你们爱我什么呢？这个爱不够真实，是老师引导你们喊出来的。等我今天讲完了，或者通过这几天咱们的接触，那时候你们再说爱关老师，我相信一定是真心的，我会欣然接受！”**两三分钟的几句话，首先迎来了孩子们热烈的掌声，孩子们感受到了我的真诚（这就是说话的艺术，而且不是刻意编排的）。接下来，我上了一堂“跟青春期孩子聊青春期”的课，虽然年纪大，虽然身体不好，但我坚持不坐下，而是手持话筒，站在孩子们身边“聊”，不让孩子们有上课的感觉。效果不用多说，每一个孩子都争先恐后地来拥抱我，一个高一大男孩抱着我，从哽咽到痛哭失声，反复说一句话“关老师，您一定能活过80岁”。其实我没为孩子们做什么，就是用语言赢得了他们的信任、爱戴与尊敬，也让孩子们看到了关老师的爱心和真诚。

我的床头有一个精致的挂牌，画面上是两个金色的大字**“师恩”**，按说这不是多么贵重、多么高大上的物件，但是它在我看来却意义非凡，这里面有我跟一个学生的故事。由于高三我要去带文科班了，原来的理科实验班班主任由一位外地新调来的老师接替我。时间不长，听说班里有一对男女同学“恋”上了，新班主任又急又气，我却很冷静，因为我了解这两个孩子，男孩偏内向，不善表达，但真诚、固执；女孩文静乖巧，十分踏实，两个孩子学习都还不错，这样两个十七八岁的少男少女，绝不是玩儿闹，是动了真感情了。班主任决定请男生家长到学校，汇报情况，担心他俩影响学习，毕竟高三了嘛！我及时阻拦，指出“绝不能主动告状，这样会激怒了这个性格略有偏激的男生，一旦翻脸，就会适得其反”。于是我给支了一招：马上就要开家长会了，会后他妈妈一定会留下来，具体了解孩子在校表现（这是多年的经验），这时候你再委婉地“汇报”，提醒家长“孩子可能有了早恋的苗头”（这是说话的技巧）。这位新班主任完全按照我的指导去做了，但是第二天还是发生了出人意料的一幕：在教室门口，这位倔强的男生用食指指着班主任的脸狂吼：“你是不是管得太宽了？你凭什么告我的状？”整个楼道里都充斥着他的高分贝呐喊声，对面的老师被打了个措手不及，还在一脸严肃地跟他讲道理。我看到的是这学生头爆青筋、双拳紧握、怒目圆睁，于是赶紧走过去，示意老师离开。这位男生将近1.8米的个子，我只能挽住他的胳膊，抚摸着他紧攥的拳头，“走，有什么委屈跟关老师说说去”。在办公室里，我问了他几个问题：你说老师告你的状，老师去你家了吗？——没有；老师请你家长到学校来了吗？——没有；家长会后是老师主动把你家长留下了吗？——不是；那好，你妈妈主动向老师了解你的在校表现，老师不能隐瞒事实，只不过描述了你和谁在一起的一些表现，而且是同学们都看到，并在津津乐道传说着的事实啊！我的这一番话让他无言以对，并逐渐冷静下来。但是他的一句话让我没想到，他说：“您知道吗？刚才我已经有了跳楼的冲动。”我庆幸避免了一场恶性事故。从事前的铺垫，到后来的交锋，都是用语言完成的啊！我那个写着“师恩”的挂牌，就是他在高中毕业时送给我的礼物，我很珍惜。而且据同学们说，他俩的“恋”一直持续到走进大学、本科毕业，最终步入婚姻的殿堂，多么美好、多么值得记忆和回味啊！最后还要提醒老师们一句：说话要给自己留后路，孩子们是要长大的啊！

对于教师用语，一定要有规范性、有底线，这是最基本的要求。如果你拥有较高的情商，语言中透露出的是真诚、是智慧、是对学生的爱，孩子们是一定能够接收到的！可惜的是不断传出一些我认为的负面信息：有老师用语言伤害了学生；有老师由于情绪把控不好，丢了饭碗，所以我真心提醒被尊称为老师的朋友们，你的语言中要体现平等，要有尊重，要表达善意，要不违初心；不要用“恨铁不成钢”“我是为他好”来为自己的不理智行为开脱！

最后再说一个案例，这是前面征服案例中的一个细节，之所以再一次拿出来与大家说，是因为我发现很多老师在犯类似的错误而不自知。

一次刚下语文课，班主任老师当着学生的面向语文老师询问：“这节课他的表现怎么样？”语文老师回答：“挺好，这节课没惹事。”这学生心头一喜，想听到班主任老师的进一步肯定时，就听到班主任毫不留情地来了一句：“你把你那狐狸尾巴给我夹紧点儿啊！”多么可惜啊，就这么轻易地丢掉了一次激励孩子的机会。过后，这位学生明确跟我表示：“我表现好也没用，老师不会表扬我的。”还反复强调：“挺好两个字又不是我自己说的，是语文老师说的。”他的话给我一个突出的感觉，就是他特别看重“挺好”这个评价，这本是个应该被抓住的闪光点，而这位班主任却表示“从你身上我实在找不出一条优点来”，连学生想好、想进步、想听表扬这最起码的自尊都没有发现。你看起来简简单单、随口而出的一句话，伤了自尊，打压了上进心，这对于一个未成年的孩子来说，真有可能是成长过程中致命的一击啊！

前两年教育界出过一次很轰动的恶性事件，针对此事，我曾经在我的公众号“关老师有感而发”发了一篇比较犀利的文章，今天重读，我依然坚持我的观点。附在下面。

恨铁能够成钢吗

——与同行们商榷

最近，一位老师对学生的不当语言冲上热搜，惊动了教育主管部门，激起了舆论的层层涟漪。我细细观察了一下，对这个事件关心的人不少，评论者甚多，基本分为了两大阵营，一部分是旗帜鲜明地批评、批判甚至是谴责、怒斥这位“最美教师”，用的语言我在此不用复制；另有一部分是挺这位老师的，认为“说的是实话”，是“对学生负责任”，是“恨铁不成钢”，甚至谴责录音者的阴暗、龌龊。当然，也有一部分相对理智的人说了句明白话：“无论如何，老师在学生面前说出此言确实不妥。”

作为曾经30年的班主任，我也说说我的观点，我做好了挨同行们“板儿砖”的心理准备。

由于为老师辩解、喊冤的声音中，用了太多的“老师是恨铁不成钢”作为应该谅解的依据，我不太苟同，而且绝非“马后炮”。早在十年前，我在《凭什么让学生服你》一书中，就曾经写过：老师都是爱学生的，但是由爱生“恨”——学生总达不到老师的要求，期望越高失望越大，于是就产生了“恨铁不成钢”的意念和做法。批评、惩罚甚至有一些过激的语言或行为，用一句“我不是恨铁不成钢嘛”，把“不成钢”的责任全推到了“铁”的身上，老师只剩下咬牙切齿的“恨”了。殊不知好钢是冶炼锻造而成，而不是恨出来的。我们如果把“恨”学生，变成“恨”自己的冶炼技术和锻造技巧不精，多些学习与借鉴，在内功上多下功夫，能出好钢的概率就大大提高了！

对于当前这个事件，我在仅仅看完报道时并没有发声的欲望，可是我亲耳听到这位老师声嘶力竭的怒吼时，就忍不住要表达了：

第一，老师“恨铁不成钢”的心魔来自于“怨气”——怨“以往送到我班里的学生，家长都是当官的，要不就是家里条件特好，家长都极为有素质”，“这些学生都是平民百姓，贼不懂事，贼没有家教”。从这几个文字“以往”“送到我班里”“家长都是当官的”“平民百姓”，不用我细分析，无论是家长还是老师都会心照不宣，这个“怨”一定不是偶然，是这一批学生家庭层次不如以往而产生的。作为业内人，我了解一所学校都有口碑不错的老师，为了进这些老师的班级，家长都会使出浑身解数，找人脉、托关系甚至花钱，不少当官有权的和有经济实力的家长为孩子争得了机会，而多数平民百姓无权少钱的只能听天由命。我不否认，这位老师一定是曾经“最美”，但是忘了“初心”，所以，所谓的“口无遮拦”不仅仅是嘴的“罪过”，而是“心魔”作祟！

第二，老师“恨铁不成钢”生出的是“怒气”——“你妈一个月挣多少钱？你爸一个月挣多少钱？别怪我瞧不起你”。事情的起因一定是学生不好好学习，扰乱课堂纪律。30多年的教学生涯，这种学生我见得多了，比这两个上课说话严重得多的也不在少数，老师“怒”也很正常，怒气发在学生身上，再过也有爱的成分在里面，怒其不争的这个“其”仅仅是针对你的学生。但是迁怒于家长的收入我是感到匪夷所思！我不否认家庭背景与孩子成长有一定的关系，这里包括诸多因素：父母的教育素质、家庭的教育氛围、家长的品质人格等等，只单纯地与经济收入挂钩来决定“看得起”或“看不起”你的教育对象，甚至就此动怒，是仅仅“不妥”呢？还是大错特错了？

第三，“恨铁不成钢”要顾及“铁”的自尊——“某某的妈妈一年挣的钱都比你妈50年挣得多！”听到这句话我首先要“呵呵”的是，这位老师对家长的经济收入了如指掌，甚至还计算过差距，这就难免让围观者产生不好的联想了。而我在这里要强调的是，再差的孩子也有自尊！在众多学生面前说出的这个数字，会给学生传递出好几个信号：被训斥的学生的隐私暴露在光天化日之下，自卑—逆反—对抗—破罐破摔；家境同样不富裕的学生受到了同样的打击；妈妈高收入的学生可能心里暗暗得意，也可能并不买老师的账，因为素质好的孩子并不愿意炫耀与张扬；在同学中间强化了三六九等的差别；更糟糕的是这位老师的价值观在自己不经意间亮相，也坑了自己。

第四，由于“恨铁不成钢”而演绎出的不良语言和过度行为，最不应该出现在教育教学过程中。有文章说“反思一下自己，我们管教孩子时，有没有上头的时候？好言相劝是序幕，听不进去的时候也会恶语相向”。这肯定出自一位善解人意的家长之口，也确实道出了今天家庭教育的矛盾与现实。前不久微博上一位妈妈向我求助，由于8岁儿子重复错题，她暴跳如雷，把孩子书包扔了，把孩子推出门，孩子哭妈妈也哭，她说“当时我只想骂他、羞辱他”，我回问了一句：“你是亲妈吗？”我帮助她调整好心态后，她说“孩子真是一面照妖镜，照出了自己教育上的很多问题”。这位妈妈也是恨铁不成钢，恨得家里鸡飞狗跳，但是事情过去后，母子之间仍旧亲密无间。可是师生不同于母子、父子，学校教育要区别于家庭管教，老师要有把控自己的情绪和感知他人感受的能力，这是情商高的表现，作为老师就应该不断提升自己的情商。有人说凭什么对老师的要求那么高？老师就不能有自己的脾气吗？我不得不说，还真是这样！这是教师这个职业、老师这个身份决定的，尤其我们面对的是未成年人的时候。学会克制自己是所有人在特定场合需要具备的一种素养。作为老师要绷紧一根“弦”——为人师表的“弦”。

我在给老师们上课时，经常引用苏联教育家加里宁的一句话，这也是我的座右铭：“一个教师必须好好检点自己，他应该感觉到，他的一举一动都处在最严格的监督之下，世界上任何人也没有受着这样严格的监督。”

第五，至于说到学生和家长录音的“阴暗”“龌龊”，我倒觉得是无奈之举，因为不可能是偶然的，不定犹豫了多久才冒险而为之，否则怎么那么巧，这一天带了录音设备，这一天老师就“失言”了呢？有些老师心有余悸，说以后不敢批评学生了，我认为这种顾虑是多余的。这次的录音事件给我们提个醒，老师们心中坦荡，做好自己，你们的兢兢业业、辛苦付出，会得到学生、家长乃至全社会认可的。

最后说说对这位老师的处理。有人说轻了，有人说重了，各说各的理，我不作评说，但是想再一次强调：这位老师一定优秀过，只要回归走上讲台时的“初心”——做一名好老师，一切为了孩子，一切都可以从头再来！

四、家访不是任务，是为自己的工作做铺垫

我做班主任工作的几十年，没有一位学校领导要求班主任必须进行家访，也就是说家访不是老师必须完成的硬性任务。但是我却一直在坚持，而且是自发的、心甘情愿的，因为我的家访是为了自己的初心“当个好班主任”服务的，虽然辛苦，但效果十分明显，我把自己的体会分享给你们。

1. 家访的目的

了解孩子的家庭教育背景、家庭教育氛围，乃至父母的教育素质，心

中有数，才好对症下药。

我坚持认为，原生家庭的教育与影响是孩子成长的起跑线和出发点，对于新接手的班级，我都会利用下班后的业余时间集中家访，所以才有了我前面说到的，一个晚上走访了3个学生家，忘了儿子14岁生日，被儿子质问“我有几个14岁”的情境。在众多次的家访过程中，能够亲自感受到家长的文化素质较高，说话彬彬有礼；能够感受到家长的朴实真诚和对老师的信任；能够感受到一些父母的强势，不那么通情达理；能够感受到亲子关系中存在的瑕疵；还能够感受到学生在家庭中的位置和处境。举两个完全不同的例子：因为我去家访的时间基本都赶上人家正在吃晚饭，一个女生一边吃着饭，一边拿起个苹果就咬，我随口说了一句：“饭还没吃完又吃水果，你爸爸也不管你呀？”这孩子用眼斜楞着父亲，说：“你问他敢管我吗？我借他个胆儿他也不敢说我！”哦，我知道了，这是个惯坏了的孩子。另一个女同学，在饭桌上刚开口想说说今天班里发生的事，妈妈十分严厉地大声呵斥：“闭嘴！谁爱听你们班里那些破事！”哦，这是一个在家里没有话语权、有点自卑的孩子。这两个发现，就让我有了不同的教育管理思路。

除去开学初的集中家访以外，在日常的教育教学管理中，学生出现一些临时状况，老师需要跟家长沟通，我也会采取家访的形式，但绝不是单纯告状。我前面案例中提到的，学生脖子上有伤，我去家访，知道了是父亲所为，我不留情面地批评了家长，感动了孩子；一个女同学敏感多疑，为探寻原因我去家访，原来是女孩认为爸爸妈妈重男轻女，不喜欢自己，我帮他们进行了家庭和解；一个学习非常差的男同学，家长总不露面，又拒绝我家访，我于是到他父亲工作的车间去，看到下班后不回家，坐在机器旁的地上，跟工友打扑克的这位家长，我就找到了这个学生厌恶学习且顽劣不堪的根源。

2. 家访工作的细节把握

首要的是不要把家访当作任务来完成，而是遵从内心，认为有必要再去做。

我的经验是：在学生家所坐位置有讲究，无论家长怎样客气，要跟你的学生坐在一起，给学生一种亲近感，让他卸下紧张和拘谨，这样可以拉近老师与学生之间的情感距离。

学生和家长对老师家访一直有一个认识上的误区，就是家访=告状，咱们也确实有些老师把家访等同于请家长，往往是学生的问题老师自己解决不了了，请家长来配合，所以，学生抵触，家长烦躁并反感。而我多年来秉持一个原则，就是不告状，而且我认为告状的效果甚微。我的家访就是为自己进一步的工作找突破口或做铺垫。所以我的学生们特别欢迎我家访，都觉得我这是对他好的表示。家长们则更多的是感动，也更愿意积极配合，以不辜负老师的辛苦。

特别需要提醒老师们的是，家访要把好一个关口，即只喝一杯水，不在学生家吃饭，不接受家长礼物，否则容易留下后患。

五、给学生写评语鉴定，我有诀窍

作为班主任，为学生写鉴定、写评语是每个学年，甚至每个学期必做的功课。由于这项工作必须在期末来做，而期末又正处在考前复习阶段，老师们本来就够忙的，完成这必须完成的硬性任务，更是平添了不小的压力与烦恼。多年来，我的体会是，真正心中有学生，给学生一个客观公正、带有激励性的评语并不难，关键在于老师要调整好自己的心态，把给学生写评语看作一次与学生的交流，不是居高临下的批评，也不能是千篇一律的套话，而是针对每一个学生的具体情况，尽可能全面细致、客观公正地给予评价，多一点人情味，少一点空洞的说教；既肯定优点和成绩，又委婉地指出缺点或不足，让学生感到“老师是喜欢和重视我的”，让家长觉得“老师真了解我的孩子”；让学生看到老师的评语后不是无动于衷，而是有所触动，甚至还想多看几遍，让家长看到老师对孩子的评价后，增加了教育孩子的信心。这样的评语，能够拉近师生间的情感距离，能够真正起到对学生的激励作用，老师虽然辛苦，可做的却是“有用功”。

老师们每天面对大量繁重的日常工作，写评语、写鉴定似乎是个不得不完成的额外负担，而我却有我自己的窍门：**我从不坐在办公室里“闭门造车”，而是利用学生上自习，或者是学生在做某一科练习时，站在讲台上，俯视、端详着每一个学生，直观地感受着“他”或“她”的特点，每一个特定学生的行为表现、优点、缺点瞬间历历在目，一份份评语和期望随**

之从笔下流淌，而且绝对真实，绝对生动。多年来，每一次面对着一张张调皮又稚嫩的脸庞，写出他们的个性和特点时，我的心情都格外愉悦，好像在重新认识他们，又好像刑侦片里靠描述画出嫌疑人的相貌特征用来破案的技术，被我用上了。记得1998年和2001年我给高三学生写完毕业鉴定，因班主任工作繁重，学校便安排提前结课的体育老师替我们往毕业生登记表上誊抄，有老师曾经感慨地说："我就爱抄关老师的，没有重复，不厌烦，一边抄一边就认识了一个学生。"我要的就是这种效果——即使是不认识的陌生人，看了我对学生的评价，也会对该学生有一份基本的、真切的了解。

总之，看老师给学生的评语或鉴定，能够从中看出老师的词汇量、文笔，能够看出老师的情感、亲和力，能够看出老师对学生甚至对这份工作所持的态度。归结起来，我认为最重要、最关键的，还是能够看出老师是不是用"心"去看待、品味每一个学生，用"心"去完成对学生的客观评价。

拿出几份评语供参考。其实今天的年轻老师文采、文笔及思路都远远在我之上，只要前提是不偷懒，不应付差事，不去网上找现成的模板，就一定能够写出比我精彩得多、触动学生内心的优秀评语。

张双好

看起来永远是那么默默无闻，但又在悄悄地关心着周围的同学、老师及我们这个集体。"善良"的本性在你的身上充分地体现着。而最难能可贵的是你在关心他人的同时，一点儿也不放松自己在学习上的努力。成绩稳中有升，以致你的父母心疼地说"张双太累了”。看到你瘦弱的身躯，我也由衷地说“身体是学习的本钱”。

沈楠

两年的中学生活转瞬就过去了，回过头看看你是不是会有太多的遗憾？给我的总体感觉是你学也没学好，玩也没玩痛快，决心下了无数次，但总不能很好地坚持，辜负了你的聪明、热情、有能力等一系列原有的优势。初三是关键的一年，希望你“立长志”，而不要总是“常立志”，真正付出了，上重点高中不是没有可能。

施晓

看起来瘦瘦小小，沉默寡言，默默无闻，但我越来越感觉到你内心世界是丰富的，你热爱集体，愿意为集体的事去付出，你不拒绝同学的友谊，但不太会主动与同学交往。你的感情总是向自己笔下的画倾诉。升入初三以后，希望你把花费在画画上的精力重新分配一下，分给学习，分给朋友，融入集体，为考上理想的高中拼一把。

战小雨

你长大了，一个亭亭玉立的姑娘，懂事了，上进心更强了。老师看到了你的进步，但是我并不十分知足，因为离我的期望还有很大差距。你聪明，有能力，潜力还没有真正发挥出来，初三这一年对你来说太关键了。如果你能克服浮躁，全力拼搏，上重点高中并不是幻想——我对你既有信心（因为你有实力），又多一份担心（因为你没毅力）。

巩继钊

一个皮小子，我在你身上总看到两个“小人儿”在打架，一个叫“聪明”，一个叫“懒散”，我真担心“懒散”占了上风，那你的聪明可就白废了。勤奋点儿，累不坏！好成绩会报答你的！

刘川

高高大大的男孩子，不急不火的慢性子。品行端正，乐于助人，老师越来越喜欢你。慢，是你学习中的致命弱点，磨掉了太多的时间，比其他同学做题少，看书少，休息少，你不觉得吃亏吗？提高效率，一定会提高学习成绩，希望你成为一个真正的男子汉！

六、老师自身的格局与素质，对学生有着深刻的影响

说到格局，想起我目睹的一件小事：课间，一个初一小男孩兴冲冲地从办公室跑出来，与一位女老师撞了个满怀，我的这位同事当即大怒，把这同学拽到一边，狠狠教训了一顿，一直到下一节课的上课铃声响起，这位老师还余怒未消，课间自己没休息，学生也没休息，我估摸着还得向这学生的班主任告状。当时我看到这一幕时，第一反应是“至于吗”，第二反

应是“心疼”，我心疼这个刚上初一的小男生，走进他的内心，可了解到他撞上老师那一瞬间的感受是：紧张、害怕、知道自己犯错了。如果是我，要做的第一是安抚，第二是提醒在楼道里跑的不安全性，以后注意。把一件小事扩大化，是为了彰显老师的威严？其实恰恰相反，你不高的格局只能让学生对你敬而远之——因为学生怕你。

是人都会犯错，而身为老师，在教育教学工作中犯错是正常的，也是难免的，讲错一道题、说错一句话、冤枉了一个学生，都不是什么大事，而学生们特别反感的是老师不敢或不愿承认错误，或者遮遮掩掩，或者强词夺理。我就亲耳听到几个高中生在下面议论，甚至是讥笑他们的一位老师，瞬间让我感到老师在孩子们心中的位置一落千丈。其实这就是自己格局不够高的表现，当你大大方方承认自己的问题，接受了学生正确的观点，虚心跟学生展开讨论，尤其是高中生，他们会对老师心生敬意——因为佩服你。

说到素质，不得不说学生们心中都有一杆衡量咱们的秤，小到你的言谈举止、穿着打扮，大到你的知识容量、讲课水平、授课效果，他们都在随时随地给咱们打分，可别小看了今天的孩子们。举一个老师站姿的小例子：下午放学后值日生在做值日，一位年轻的班主任站在教室门口“监工”，监工两个字是学生说的。因为这位老师每天都是一个姿势：两只胳膊交叉着抱在胸前，眼睛盯着干活的学生，嘴里不停地挑毛病。直到有一天这个班的学生到我们班教室，看到我在边聊天边帮着学生摆桌椅，于是说出了“我们班主任是监工”的话。多么小的一件事啊，可是在不经意间，学生就给出了评价——最起码是不佩服你。

无论老师的格局还是素质，在我们日常教育教学工作中都能体现出来，也往往能被学生们发现，或赞美，或诟病。在“素质教育”呼声甚高的今天，教师必然面临着一个提高自身素质的严峻课题。英国作家笛福曾说过：**“一个要教育别人的人，最有效的办法是首先教育好自己。”**当今社会的发展，对正处在成长中的一代青少年提出了愈来愈高的要求。从学校角度来讲，就是要求“受教育者德、智、体、美、劳全面发展”；从社会需求角度来讲，就是需要符合时代发展要求的高素质人才。而学校教育作为造就和培养高素质人才不可缺少的一个重要环节，其教育效果首先且最直接取决于每一位育人者——教师的自身素质，当然这种素质必须是全方位的、多角度的，它包括较高的文化层次、良好的心理素养、健康的身体素质、高尚的道德情操、向上的进取精神、勇于纠正错误的勇气等等。尤其在今天，文化水平作为一个硬指标已经成为一名教师的最基本要求，那么性格、气质、能力、品质等就成为体现教师素质、展示教师人格魅力的重要内容。我们不难发现，在现实的教育教学实践中，学生对教师的评价标准已经不再仅仅局限于“课讲得怎么样”了，而是对教师的整体素质提出了新的要求。据报道，某机构对一部分中学生做了“你心目中的好老师”的问卷调查，结果显示，学生对“好老师”的评价标准比较集中地反映为：①知识渊博，②平易近人，③理解学生，④讲课生动。这看似简单的四点其实涵盖了今天的学生对咱们老师的期望和要求。但是把“知识渊博”放在第一位，就是对我们提出了不断学习、与时俱进的要求，这也是我这个即将交班的老教师特别想叮嘱大家的：你的知识面的深度和广度，你对世界发展的了解度，你对教育形势发展的认知度，你对学生的理解度等，学生都会心领神会，并将就此对你做出评价。

我近50年来一直走在学习的路上，从不敢懈怠。终身学习是我的人生信念，将一直坚持下去！

学习、思考、积累、沉淀、记录，不断提升自己，是你的学生们的幸运与福分！

七、高明的老师会倾听

我在我的第一本书《别和青春期的孩子较劲》中讲过“高明的家长会倾听”，我说：12—18岁，是孩子生理上的青春期，心理上的断乳期。这恰恰是一个最有想法而又很不成熟的时期，最爱发表看法而看法又不容易准确的时期，最希望有人倾听、有人理解、有人解惑的时期。可是我们的家长们却十分专横地把“说”的权利留给了自己，说自己的苦心，说自己的希望，说自己的要求；说自己孩子的缺点，说别人孩子的优点；说孩子该想什么不该想什么，该做什么不该做什么；说、说、说……说多了就是孩子们听腻了的“唠叨”，最终孩子们只有当听众的资格。其实他们也有一肚子的话无处倾诉，前些年有孩子自我解嘲为“没办法，青春期遇上了更年期”，一味地听着、忍着、烦着，表达了孩子的一种无奈。可是几年的工夫过去，今天的孩子面对父母的“唠叨”，已经完全不买账了，或者充耳不闻，或者直接顶撞——因为他们视为“废话”。那么，咱们当老师的，尤其是班主任，是不是也在不经意间犯着跟家长一样的错误：说得多、听得少；讲道理多、与学生共情少；居高临下多、平等沟通少。根据我的经验，一个学生当他愿意把自己的心里话、小秘密向老师诉说时，那他一定是对你充满了信任，珍惜这份信任，师生之间沟通无障碍，你的教育将会产生事半功倍的效果。

道理无须多讲，举几个我亲身经历的小例子，抛砖引玉吧！

例1 一个刚上初三的小男孩，长得相对瘦小，给老师和同学们的感觉是特别幼稚单纯，似乎心理年龄偏小。可就是他，有一天追着我说："您不是老说我学习不专心吗？我今天就把实话告诉您。"一开始我根本不以为然，正好有别的事就给岔过去了，没想到中午一吃完饭他又来了，一股非谈不可的架势，而且提出来不能在教室也不能在办公室，得找个没人的地方。于是我们来到走廊尽头的窗户前，他扭扭捏捏、吞吞吐吐地告诉我，他喜欢班里的某个女生了，问我该怎么办，而且一再叮嘱我别告诉他爸爸妈妈。我听后心里暗暗吃惊，但表面上十分平静。"祝贺你，你真的在长大。而且还很有眼光，她确实是个不错的女孩，不但你喜欢她，我也喜欢她，咱们全班的男生差不多都喜欢她，但是……"经过一番十分轻松的交谈，他很快就把这事放下了。其实这件事在他心里已经"闹腾"好些日子了，家长已经发现了他的不对劲儿，如果能早一点向家长说出来，不是一种很好的解脱吗？再试想，如果他连我这个听众都没有，时间长了又可能是什么后果呢？当个听众也会很有成就感哦！

例2 我曾经的学生刘敏，在上初三时一度情绪低落，无心学习。她的异常表现引起了我的注意，于是我找她谈心，她吞吞吐吐地告诉我，爸爸妈妈在闹矛盾。我当时没有把问题想得太严重，开导她一番也就过去了。但没过多久，她又主动找到我（孩子的心里实在是装不下了），详细诉说了爸爸妈妈的矛盾以及自己的想法，听后真让我有一种揪心的痛。原来她父母闹矛盾已经有一段时间了，由于父亲爱打麻将经常半夜归家，所以二人的争吵总是在夜里。尽管他们尽量压低声音，尽量不让女儿听见，但实际上孩子连他们离婚的打算已经了解得一清二楚（父母居然以为女儿什么都不知道）。她十分痛苦地告诉我："既然他俩谁也不肯让步，想离就离吧，我也不会阻拦。但我苦恼的是，以后他们都要再成立各自的家庭，而当他们老了，身体不好的时候，我就得分两处去照顾他们。一边是我爸，一边是我妈，我是他们唯一的女儿，哪个都得管，我以后的负担多重啊！"多么早熟的孩子！多么疏忽的父母！我再也坐不住了，打电话给她妈妈，把孩子的想法全盘告诉了她。这位妈妈很难过也很意外，她居然完全没有想到女儿的苦恼，甚至以为女儿还蒙在鼓里，准备在事情临近尾声时再告诉她，只要她选择跟谁一起生活就行了——多么粗心的妈妈。还好的是，母亲在了解了女儿的心理活动后，增加了几分理智，请求我在刘敏父亲在家时去进行一次家访，把孩子的想法及苦恼通过我再向她的父亲转达一次，也给这位父亲点刺激，让女儿的真情成为父母感情的调和剂。我去做了，不但替孩子说出了心里话，还加上了我的一番情真意切的好言相劝。自那以后，这个女生跟我有一种亲近感，特别听我的。此后，刘敏顺利毕业并参加了中考。听说爸爸妈妈最终也没有分手。

例3　一天，我正在心理辅导室整理资料，一个我不认识的男生推开门，只露出一个小脸，怯怯地问道："老师，您能解决什么问题？"我满脸含笑回答："我不一定能解决什么问题，但是我愿意倾听，你有什么想对我说的吗？"于是他走进来，坐下后吞吞吐吐地向我讲述了他与同班一个女孩的故事：由于一次集体活动，使他比较多地接触了这个学习很优秀的女生，在交往中互有好感。不久，这个女孩子坦露心声，明确表示"喜欢他"。我问："你的态度呢？"他回答："也有点儿。"我以为事情不过至此，所以按照一般的辅导思路，首先肯定了他们之间"友谊"的正常、纯洁，引导他怎样正确看待和处理发生在青春期阶段的这段感情，他也很理智地告诉我："她现在无心学习，上课不专心，老回头看着我，我不希望她这样，怕影响到她的学习。"在越谈越深入之际，我提醒他：尽量避免单独相处，尤其不可以在父母不在家时到对方的家里去。没想到他立即告诉我，已经趁父母不在家时到她家里去过了，而且谈的话题都是"那些事"（他就是这么说的）。虽然据这个男生自己说"把我吓跑了，什么也没有发生"，但是却让这个女孩子对他十分不满意，怪他不主动，因此他很迷惘，才找到我试图寻求解决的办法。这是一个书生气十足的男孩子，也可能心理成熟度确实滞后于女生。我帮他进行了细致的分析，尤其讲到可能出现的后果、他要承担的责任，以及对个人前途的影响时，他不但听进去了，而且愿意接受我的建议，下决心冷静地想一想，理出个头绪后"退出这场游戏"。几天后，他又一次找到我，告诉我已经向那个女孩表明了"做普通朋友"的意向，然后全力投入到学习中去，为迎接全区第一次初三统考做好准备。考试成绩出来以后，他把各科分数抄在一张小纸条上，来向我汇报，结果非常令人满意。这时候，他庆幸的是及时找到了我来指点迷津，没有误入歧途；我感到欣慰的是，帮助一个情窦未开的少年及时调整了航向，真正实现了防患于未然。

例4 是前面已经讲过的，一个初二男生买好药准备轻生，在生与死的纠结中想到了我，很晚了，电话打到我家里，我并不是他的班主任，但他想向我诉说，于是我帮助他化解了一次危机，避免了一个恶性事件的发生，也可以说挽救了一个生命。

做一位会倾听的老师，看起来是在帮学生，实际上是在帮自己，你说呢？

八、惩罚学生的底线和原则

可能有些老师会敏锐地发现“你的那么多案例，怎么没见到你惩罚学生的事件呢”？在教育教学过程中，面对着一批批调皮捣蛋、状况百出的“熊孩子”，怎么可能不使用惩戒手段呢？但是平心而论，一般老师们所使用的诸如停课、写检查、请家长我都不用，在批评的言语中夹杂上讽刺、挖苦甚至是辱骂更是我不能接受的。我对于犯了错误的学生，又必须给予惩戒的，有两个原则、一个底线。

原则一：自己能够解决的不转移，不是必须不轻易请家长。

原则二：不是原则问题，大事化小小事化了，不给自己找麻烦。

一个底线：绝不伤害学生的自尊！

具体操作细节不一一赘述，因为每天都在发生。案例为证。

案例1

我曾经带过一个特别优秀的学生，十佳中学生，高三入党，考上985大学，够优秀吧？一般来说，学生们固有的思维定式是：老师都偏向学习好的同学。平心而论，学生们的这种带有不满情绪的评价基本上是符合实际情况的。对于学习优秀的孩子，老师们多多少少会有一些偏爱，尽管在有意识地注意着，也难免在不经意间有所流露。何况像这样的学生，当时在中学简直就是个公众人物，数学孙老师曾不无羡慕地说过："人家王海洋妈妈怎么这么有福气，生了这么个好儿子！"作为班主任的我能不感到宽慰和欣喜吗？但是我更明白，他毕竟是个十七八岁的孩子，过多的赞扬和褒奖是好事也是坏事，稍不留神就可能毁了他。于是我把对他的爱隐藏在心里，表现出来更多的是严格和严厉。我曾戏称：在王海洋面前，我是一把小锤，时不时敲打他两下；我是一瓢冷水，经常浇一浇他要发热的头脑；我是一个千斤坠儿，当他飘飘然时把他拽回地面。他与同学们犯了同样的错误，我对他的处理会更严格。高二时，班里不交作业的现象趋于严重，理由经常是忘带了，是真是假不好判断，让他们回家去取又得顾及路上安全。于是我就拿他开刀，当他也有两次不带作业时，我使了个"损招儿"——让他妈妈亲自把作业送到学校来，因为我知道他特别心疼和孝敬父母，一来让他感到内疚，二来"杀一儆百"，三来也让同学们意识到我对他都不留情面。那天正好是个大风天，当他妈妈顶着风骑车到学校后，我俩联起手来狠批了他一顿，让他长记性，让其他同学接受教训。身高一米八几的这个大男孩，真是汗颜了。我一直认为，内疚感是孩子们成长的最好动力，知错—内疚—改正—进步—成长，人生之路不就是这样走出来的吗？

案例2

一位年轻的新班主任打来电话，向我诉说了一件她认为十分棘手的“案件”——课间十分钟她走进教室，看到一个女同学正在揪打一个男生。她不由分说厉声制止，并把批评的矛头指向了身为班委的这位女同学。该女生很不服气地说：“他骂我月经失调！”引起全班同学哄堂大笑，让这位二十出头的年轻女老师十分恼火。她认为这个女孩子太坏了，脸皮这么厚，于是叫到办公室一通指责，其他一些老师甚至建议“找家长”“在全班做检查”，大有一种“不处理不足以平民愤”的阵势。束手无策的小老师向我发出了求助信息。听完事件的全过程，我首先劝这位小老师冷静下来。事情并没有她认为的那么严重，初一这个年龄段的学生没有那么复杂，对于“月经失调”的含义还似懂非懂。老师出于传统的心理认为女同学把“月经失调”4个字说出口就是不知羞耻，就不可原谅；而对于惹起事端的男生却高抬了贵手，这对于那个女生来说是不公平的。我的建议是：①没有必要请家长，因为这种“告状式”的请家长没有任何意义，发生在学校内的事情，不应该把责任转嫁到家长身上；也没有必要在全班做检查，因为事情毕竟涉及女孩子的隐私，不宜大张旗鼓地处理，总之没有必要把事情扩大化。②立即给那个女同学打个电话（当时是晚上），告诉她老师今天批评你是因为对你要求的标准高，老师知道首先错的不是你，老师会对那个男生进行批评教育的——先安抚一下该女生的抵触和不满情绪（老师自己先要找个台阶下，因为老师的第一反应是不够理性的。这么做事后证明效果很好），然后找时间再教导她：女孩子长大了，有些话是不该轻易说出口的。③以该事件为契机，给男同学单独开会，告诉男同学们，上了中学，小男孩儿要长成男子汉了，男女有别，在和女同学的接触中说话不能口无遮拦，行为不能肆无忌惮。事情很快平息下去了，并没有产生任何不良后果。试想一下，如果又是请家长，又是在班里公开作检查，效果如何先不说，牵扯了班主任多少精力，累不累呀？

最后，说一下我最最重视的**“底线”**——绝不允许伤害孩子的自尊！现在很多老师津津乐道于“今天的孩子脆弱”“玻璃心”“动不动就轻生，谁敢管啊”。客观地说，现在的青少年抗挫折能力确实差，这是社会现实造成的，但是作为每天长时间、近距离接触学生的我们，也有必要反思一下，咱们的教育语言、教育行为有没有不恰当，甚至给孩子心灵上带来伤害的时候？我前面案例中提到的用侮辱性语言骂17岁高二女生；初三男生因为考场上吃了一块糖而被强迫买40元糖果，在同学们的注视下站在讲台上吃完；拽脖领子把学生拖出教室；当面质问学生“你妈挣几个钱”等等，这可真不是个案！在全国许许多多中小城市，甚至农村的中学、小学以及幼儿园，老师伤害孩子的事时有发生。讽刺、挖苦、孤立孩子是家常便饭；各种惩罚和体罚也很平常；严重的伤害屡屡发生。作为一位爱孩子、爱学生深入到骨子里的老教师，我经常为这样的事情而意难平！我曾经在我的公众号上发表过一篇短文《“惩戒”尚方剑的举起与落下》，特别指出：本身教育素养欠缺，情商偏低，不能把控自己的情绪，滥用惩戒权，伤害学生身体的有之，践踏学生尊严的更不在少数，触犯了众怒，于是扩大打击面，连累了无辜的老师，使得很多老师为了自保而不得不放弃了惩戒权。这类因惩戒不当导致的恶性事件经常见诸媒体，比如，那位20年后因扇耳光受到了伤害而报复老师的人，虽然受到了法律惩罚，但那位老师算得上赢家吗？我在《凭什么让学生服你》一书中专门附了一篇我的有感而发：《老师，请嘴下留情》，就是提醒老师们不要逞一时口舌之快而伤害了孩子们的自尊！

重要的事情说三遍：是人都有自尊，孩子们、学生们也不例外。

不要伤害孩子的自尊！

不要伤害孩子的自尊！

不要伤害孩子的自尊！

小结

说起交班这个话题，其实不仅仅是这八个方面，我还有太多的话要说、要叮嘱——即使是我一厢情愿、自作多情。理解我的老师还可以参考《凭什么让学生服你》一书，里面有其他更多的内容。此刻正值开学之际，看到不少自媒体在传授带班经验，有的老师发视频打样板，但视频画面中的老师，第一次出现站在讲台，拉着脸没有一点笑容，双臂抱在胸前，以冰冷的声音作自我介绍和提要求。有人在评论区评价说“让学生不寒而栗”。对这样的老师，我不敢苟同！有些老师真是下了大功夫，洋洋洒洒千余字的班规、班训，甚至细致到了上课说话扣1分、迟到一次扣2分等等，令我感动之余，也让我不得不奉劝年轻老师们不要像如获至宝似的全盘照搬，因为孩子们是活的人！还是要在实践中不断去悟，才能真正做到因材施教。

后记

2023年8月30日，10多万字的书稿完成（除了后记外），掰着手指头一算，从3月初到8月底，整整6个月时间。在这半年时间里，出去旅游两次，共计12天；应邀参加孩子们的研学营，为青春期孩子做辅导，用去了8天；应邀为“青春期教育骨干师资研修班”讲课，占用了6天；更重要的是我还同步完成了5个疗程的化疗和靶向治疗，什么都没耽误！因此，在8月30号那天发了个朋友圈：“今天心情格外愉悦，预计年底完成的第四本教育书稿，也是我的封笔之作，约13万字，今天已交付出版社……3月初开始敲字，正好6个月，什么都没耽误，为自己点个赞吧！”

注意到了吗？我发朋友圈有意没写出书名，这里面有个小插曲：一次与我曾经带过的一位中年老师微信语音聊天，我告诉她：“我正在完成一本书稿，书名是《30年班主任，我没干够》，为自己的教育生涯画上个圆满的句号，估计会有些老师拍我的板儿砖。”话音未落，她就接上话了：“我都想骂您！我们当班主任都够够的了，烦死了，您还说您没干够！”哈哈，预料之中，当初定这个书名的时候就做好了不被人理解的心理准备。还有我的学生也曾经建议我：书名不够高雅，有点土，针对的读者面有点窄，等等。我都没有接受，平时挺随和的我，这回坚持固执己见，我的理由是：

1. 我就是个普通一线老师，土——接地气是我的一贯本色。前面写的《别和青春期的孩子较劲》《凭什么让学生服你》都不够高深，但也蛮受读者欢迎，这就够了！

2. 我这本书所针对的读者很单一，就是写给老师和班主任的，我只是想在我生命倒计时之际，把我近50年积累和积淀下来的教育理念和经验教训，以及大量亲身感受过的鲜活案例，留下来，不要随我而去！

3. 至于说，一定会有人看到这个题目不喜欢，我倒有这个自信：愿意从事教育事业、爱学生、想当个好老师的大有人在。你们翻开我这本书，一定会有收获！还在教育轨道上彷徨、纠结、焦虑的老师们，你们即使出于好奇，抱着"这个老师神经病"的心态翻看上几页，我相信也能感染到你。我30年班主任获得的价值感、成就感、幸福感，真心想传递给你们。

4. 最近的几场讲座，我都呼吁年轻的老师们，你把教育当作**事业**，跟学生们在一起，你获得的乐趣和提升是永远与你相伴的，前途无量。你只是把教育当作一份**职业**，只要你敬业，再高科技的人工智能也抢不去你的饭碗，因为咱们做的是滋养心灵的工作，AI无法代替，教育远景只会越来越好。

最后，24岁站上讲台，至今48年，我不但无怨无悔，还颇感骄傲与自豪——一辈子就干了这么一件事，至今乐此不疲！什么荣誉，什么专家头衔，对我都不重要，我看重的是：第一，作为一个普通老师，我帮助了太多太多的孩子、家长及他们的家庭，也为众多老师的成长出了一份力；第二，我收获了孩子们太多太多的爱和家长们的感谢；第三，我留下了《别和青春期的孩子较劲》《凭什么让学生服你》《9节课，教你读懂孩子》《30年班主任，我没干够》4本教育著作，留下了小红书平台上《关老师聊教育》和抖音视频号上《爱孩子的关老师》100余篇视频笔记，留下了众多线上线下教育讲座的音频、视频。作为一个普通中学老师，还有何求？我这一辈子值得了！

当然，如果上天眷顾我，允许我继续带癌生存，我的生活路径不变，教育这件事继续！

特别感恩著名教育专家孙云晓老师和著名心理专家宗春山老师以及赵永老师答应为我的书作序。不胜感谢！

关承华

2023年9月1日

名师经典课

让教育的复杂问题变得简单　　李玫瑾教授微博力荐

名师关承华从教40多年的
教育智慧和班主任兵法总结

故事 + 方法 + 理念 = 让学生服气的教师

用脑 + 用心 + 用情 = 让孩子喜欢的父母

英国“以学生需求为中心”的课堂管理 / 教学法系列

风靡全球教育界的“五彩书” | 深受200多万教师推崇和追捧

[英] 罗博 · 普莱文 著

7天成功的课堂管理，
让教与学直接“变现”

第一分钟抓住注意力，
无聊课堂变“欢乐天堂”

助力小组合作，
掌握持久、可迁移的理解式学习

专治“问题学生”，
课堂管理“行为工具包”

让每1次对话都积极、
互动、有意义，
管理有成效

从备课开始，
到上课、说课、做课，
做一个魔法教师